Inhalt

W0045717

Jean Pütz · Christine Niklas

Süßigkeiten und Gebäck

Gesunde Rezepte für Schleckermäuler

Die Deutsche Bibliothek – CIP-Einheitsaufnahme

Pütz, Jean:
Süßigkeiten und Gebäck : gesunde Rezepte für Schleckermäuler / Jean Pütz ;
Christine Niklas. – 1. Aufl. – Köln : vgs, 1997
   (Hobbythek)
   ISBN 3-8025-6205-4

Die Vorschläge und Rezepte in diesem Buch sind von Autoren und Verlag nach bestem Wissen und Gewissen sorgfältig erwogen und geprüft. Die Informationen stellen aber keinen Ersatz für medizinische Betreuung jeglicher Art dar. Autoren und Verlag übernehmen keine Haftung für etwaige Personen-, Sach- und Vermögensschäden, die sich aus dem Gebrauch oder Mißbrauch der in diesem Buch dargestellten Rezepte ergeben.

Bildquellen:

S. 12: Dr. Thomas Pioch, Universität Heidelberg, Klinik für Mund-, Zahn- und Kieferkrankheiten
S. 28, 29, 30, 31, 32: Informationszentrum Schokolade, Düsseldorf
Alle übrigen Fotos: Cornelis Gollhardt, Köln/Stephan Wieland, Düsseldorf.
Grafiken: Designbureau Jochen Kremer/Gabi Mahler, Köln.

1. Auflage 1997
© vgs verlagsgesellschaft Köln, 1997

Umschlagfoto: Cornelis Gollhardt, Köln/Stephan Wieland, Düsseldorf
Umschlaggestaltung: KOMBO Kommunikationsdesign GmbH, Köln
Redaktion: Martina Weihe-Reckewitz
Lektorat: Alexandra Panz
Produktion: Wolfgang Arntz
Gesamtherstellung: Universitätsdruckerei H. Stürtz AG, Würzburg
Printed in Germany
ISBN 3-8025-6205-4

Besuchen Sie unsere Homepage im WWW:
http://www.vgs.de

Liebe Leserinnen und Leser,

wir befassen uns mit diesem Buch nun schon zum zweiten Mal intensiv mit dem Thema Süßigkeiten. Dies hat einen guten Grund: Seit dem Erscheinen des Hobbythekbuches „Süßigkeiten mit und ohne Zucker" im Jahre 1989 hat sich in diesem Bereich viel getan, es gibt viele neue Erkenntnisse und viele neue Zutaten, und wir wollen als „Wegbereiter" auch weiterhin immer mindestens eine Nasenspitze voraus sein. Deshalb war es – nach immerhin acht Jahren – an der Zeit für dieses neue Buch.

Süßigkeiten und Gebäck sind aus unserem Speiseplan nicht mehr wegzudenken, obwohl sie zur Ernährung nicht notwendig sind. Ja, sie belasten vielmehr den Körper und, wie wir festgestellt haben, auch den Geist. Denn viele plagt nach dem Genuß so mancher Schokolade, Torte oder anderer Nascherei das schlechte Gewissen. Bei vielen Menschen kann es sogar durch die Folgeerscheinungen von zuviel Süßig-keiten zu ernsthaften psychischen Störungen kommen. Viele Übergewichtige leiden unter Depressionen, weil sie die Schönheitsnorm der Gesellschaft nicht erfüllen. Andere wiederum suchen Trost in Süßigkeiten, die sie auf der Suche nach einem Wohlgefühl dann gleich kiloweise vertilgen. Insofern können Süßigkeiten – fast schon wie Alkohol – süchtig machen. Auch bei den Süßig-keiten kommt es auf die Dosis an. Anders als beim Alkohol, der nur über die Menge und den Blick auf die richtigen Prozentzahlen zu handhaben ist, kann man die Folgen des Konsums von Süßigkeiten aber auch über ihre Zusammensetzung in den Griff bekommen. Dies betrifft insbesondere auch Diabetiker, die die richtig zusammengestellten Süßigkeiten, zumindest in Maßen, im Rahmen ihres Diätplanes ohne Probleme zu sich nehmen können. Nebenbei können Sie mit vielen süßen Sachen à la Hobbythek auch Karies und anderen zuckerbedingten Zivilisationskrankheiten ein Schnippchen schlagen.

Wir stellen mit diesem Buch unter Beweis, daß Süßes nicht immer aus zahnschädigenden Kalorienbomben bestehen muß, sondern sogar zu einem sinnvollen Bestandteil der Ernährung werden kann. Zum Beispiel ist es uns gelungen, dem inhaltslosen, nur kalorienträchtigen Zucker sogar Ballaststoffe beizubringen.

Sie finden hier viele Rezepte, Anregungen und Hintergrundinformationen zur Herstellung kalorienarmer, ballaststoffreicher und oft auch gesunder Süßigkeiten und Gebäck. Sicherlich ist für jedermann etwas dabei. Alles in allem eben: Gesund schlemmen à la Hobbythek.

Ihr

Jean Pütz

Süße Variationen

Zuckermoleküle – Grundbausteine der Natur

Kaum ein anderes Nahrungsmittel hat es geschafft, sich in einem solch relativ kurzen Zeitraum von 200 Jahren einen so sicheren Platz im Speiseplan von uns Mitteleuropäern zu erobern wie der Zucker. Süßigkeiten sind für viele Zeitgenossen das Tüpfelchen auf dem i, auch Desserts gelten bei den meisten als die Krönung jeder Mahlzeit. Zucker ist jedoch nicht nur ein Süßungsmittel, sondern erfüllt auch eine wichtige Funktion: Zuckerstoffe gehören zu den wichtigsten Baustoffen der belebten Natur. Fachmännisch nennt man sie *Saccharide*. Ihre Bedeutung erhalten sie durch die Fähigkeit, sich im wahrsten Sinne des Wortes in nicht endenden Variationen zu präsentieren. Einmal als Rohsubstanz – als Einzelmolekül –, in diesem Fall handelt es sich um *Glucose*

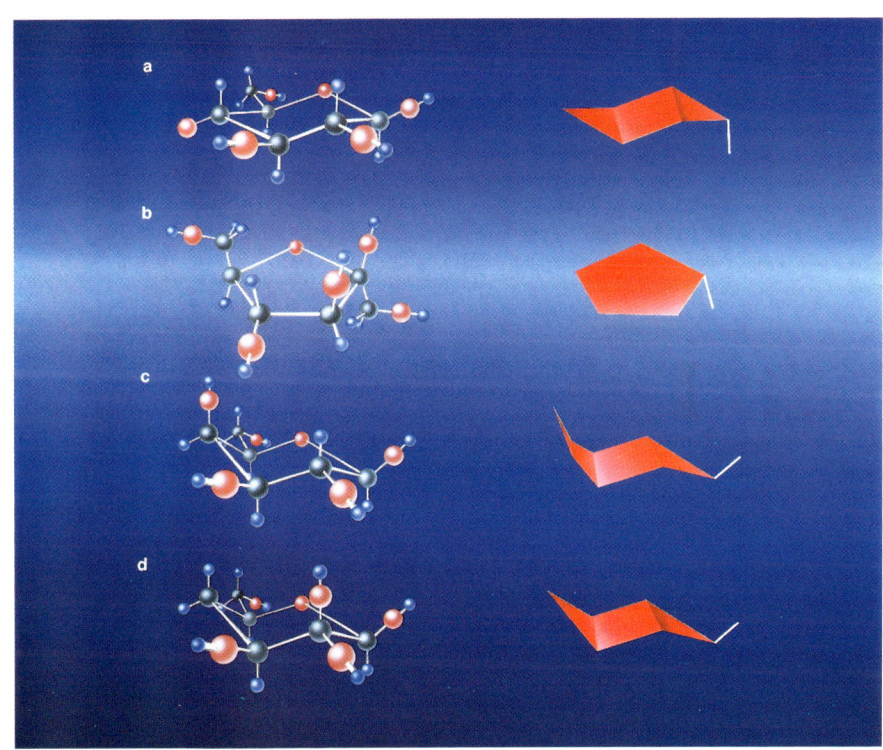

Abb. 1: Vier sehr unterschiedlich aussehende Stoffe mit exakt der gleichen chemischen Formel ($C_6H_{12}O_6$): a) Glucose- b) Fructose- c) Galactose- und d) Mannosemolekül. Daneben jeweils die vereinfachte Darstellung.

(*Traubenzucker*), die hauptsächlich – wie der Name schon sagt – in Trauben vorkommt, während in anderen Früchten die *Fructose (Fruchtzucker)* überwiegt. Beide Zuckerarten kommen als einzige auch ungebunden in der Natur vor. Man nennt sie auch *Monosaccharide* (Mono = einzel). Sie bestehen ausschließlich aus Kohlenstoff-, Wasserstoff- und Sauerstoffatomen (chemische Formel: $C_nH_{2n}O_n$) und zählen daher zu den *Kohlenhydraten*. Interessanterweise haben Glucose und Fructose exakt die gleiche chemische Formel, nämlich $C_6H_{12}O_6$, das heißt, die Einzelmoleküle bestehen jeweils aus sechs Kohlenstoff-, zwölf Wasserstoff- und sechs Sauerstoffatomen. Der Unterschied besteht ausschließlich in der räumlichen Anordnung der Atome. Es gibt jedoch Varianten, sogar mehrere Glucose- und Fructosearten. In der *Abbildung 1* haben wir die räumliche Anordnung einmal darzustellen versucht. Neben Glucose und Fructose gibt es noch die *Galactose* und die *Mannose* sowie weitere Molekülarten, auf die wir in diesem Buch aber nicht näher eingehen wollen. Alle diese Monosaccharide sind wichtige Grundbausteine in der belebten Natur, die quasi wie Bauklötzchen von der Natur zusammengesetzt werden.

Wenn Glucose und Fructose über eine Sauerstoffbrücke zusammenkommen, entsteht *Saccharose*, unser bekannter Haushaltszucker oder Kristallzucker aus der Küche. Saccharose ist ein *Disaccharid* (Di = zwei). Diese Verbindung wird in der Natur unter Einwirkung von Enzymen gebildet. Die Moleküle verbin-

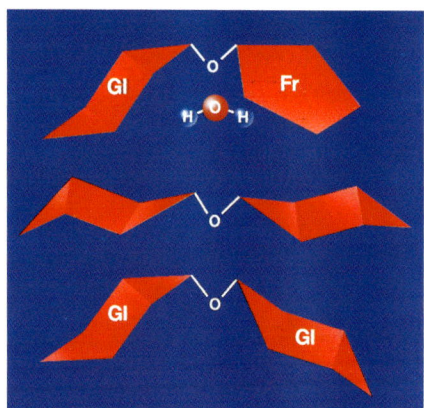

Abb. 2:   Saccharose – unser normaler Haushaltszucker – entsteht aus Glucose und Fructose unter Austritt von Wasser.

den sich dabei unter Austritt eines Wassermoleküls.

Mit Hilfe von anderen Enzymen läßt sich diese Verbindung aber auch wieder trennen. Das Enzym, das diese Trennung bewirkt, heißt Invertase (Invert läßt sich etwa mit „umgekehrt" übersetzen). Glucose und Fructose liegen dann wieder getrennt vor. Diesen Zucker nennt man *Invertzucker*. Invertzucker hat zunächst keine kristalline Struktur, sondern ist flüssig. Auch die Bienen beherrschen die Invertzuckerproduktion: *Honig* besteht zu 70 bis 80 Prozent daraus, und zwar zu gleichen Teilen aus Trauben- und Fruchtzucker. *Lactose* bzw. *Milchzucker* entsteht, wenn Galactose und Glucose zusammengesetzt werden. Milchzucker

kommt, wie der Name schon sagt, hauptsächlich in Milch und Milchprodukten vor. In größeren Mengen wirkt er abführend, entsprechende Präparate gibt es in der Apotheke als durchaus akzeptable Abführmittel. Bei relativ vielen Menschen im Erwachsenenalter führen bereits geringe Mengen von Milchzucker, wie sie zum Beispiel in einem Glas Milch vorkommen, zu Durchfall. Diese Reaktion bezeichnet man als Milchzuckerunverträglichkeit (Lactoseintoleranz). Den Betroffenen fehlt das Enzym, das den Milchzucker spalten kann. Deshalb gelangt er unverdaut in den Dickdarm und löst ähnliche Beschwerden aus wie zu große Mengen Zuckeraustauschstoffe (siehe *Seite 18*) oder Ballaststoffe (siehe *Seite 41*). Säuglinge und Kleinkinder besitzen dieses Enzym normalerweise noch, da in diesem Alter die Milch die wichtigste Nahrungsquelle ist.

Sauermilchprodukte wie Joghurt, Kefir oder Dickmilch sind viel besser verträglich, weil der Milchzucker von den entsprechenden Milchsäurebakterien bereits in Milchsäure umgewandelt wurde. Wenn sich zwei Glucosemoleküle verbinden, entsteht *Maltose*, auch *Malzzucker* genannt. Aber damit ist der Variantenreichtum der Zuckerarten noch längst nicht zu Ende. Glucosemoleküle können sich unter Einwirkung von Steuersubstanzen und Enzymen zu sehr, sehr langen Ketten zusammenschließen. Sie können zum Beispiel Cellulose bilden, für die etwa 300 bis 3000 Glucosebausteine aneinandergereiht werden. Cellulose ist ein natürliches Polymer, im Gegensatz zu den künstlichen Polymeren, den Kunststoffen, bei denen ebenfalls Kohlenwasserstoffe zu Ketten verbunden werden. Auch dies geschieht unter Einfluß von Enzymen. Cellulose ist die häufigste Verbindung in der belebten Natur unserer Erde. Sie ist das wichtigste strukturgebende Material der Pflanzen, im Holz ebenso wie im Stützgerüst von Blättern und Stengeln.

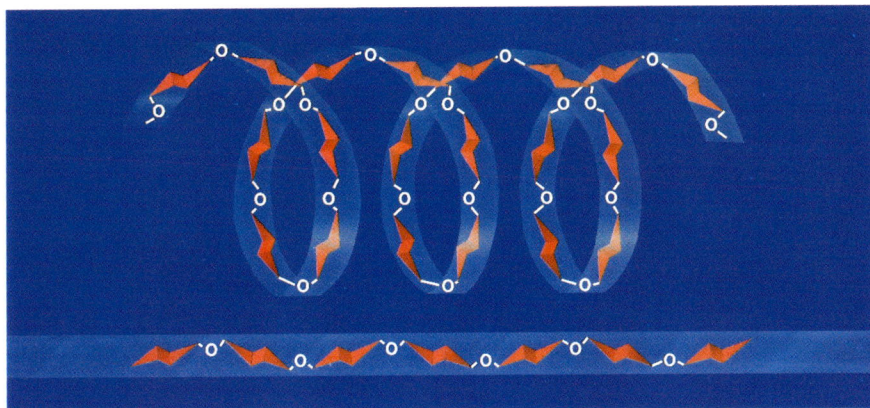

Abb. 3:   Cellulose (unten) und Stärke (oben) bestehen aus langen Glucoseketten. Unsere Verdauungsenzyme können jedoch nur Stärkeketten in ihre einzelnen Glucosemoleküle zerlegen und für den Organismus verfügbar machen. Cellulose ist für uns unverdaulich.

Zucker als Energielieferant für den Körper

Wären die Enzyme unseres Verdauungssaftes in der Lage, Cellulose zu spalten und wieder in die einzelnen Glucosebausteine zu zerlegen, stünde uns Menschen ein praktisch unbegrenztes Nahrungsreservoir zur Verfügung. Glucose ist nämlich unser Hauptenergielieferant. Durch den Abbau dieses Monosaccharids in Wasser und Kohlendioxid gewinnen unsere Zellen die benötigte Energie. Außerdem entsteht bei der Auftrennung der Celluloseketten Wärme. Unter den Tieren gibt es regelrechte Spezialisten für die Verwertung von Cellulose. Wiederkäuer wie Rinder, Schafe, Ziegen und Kamele verdauen die Cellulose mit Hilfe von cellulosespaltenden Bakterien, die sie in einem speziellen Organ, dem Pansen (Vormagen), beherbergen. Wir Menschen müssen auf eine andere, leichter

verdauliche Kohlenhydratart zurückgreifen: die Stärke. Auch sie besteht aus Glucosebausteinen. Jedoch sind die Bindungen nicht so stark bzw. besitzt der Mensch im Magensaft das passende Enzym, das die Stärkeketten in einzelne Bausteine – Glucosemoleküle – zerlegen kann.

Verdauen heißt im Prinzip nichts anderes, als solche Bindungen durch Enzyme zu lösen. Vom Darm werden die Glucosemoleküle durch die Darmwand ins Blut geschleust. Dazu bedarf es aber einer gewissen Zeit. Deshalb steigt der Blutzuckerspiegel nach Aufnahme von Stärke, das heißt von Brot oder anderen Mehlerzeugnissen, aber auch von

Kartoffeln, weniger schnell an als bei der Aufnahme von reinem Zucker, der ja wesentlich schneller in seine Bestandteile zerlegt werden kann. Am schnellsten läuft dieser Prozeß natürlich bei Glucose (Traubenzucker) ab, der zum Beispiel einer Erschöpfung als direkt verfügbare Nahrung entgegenwirkt. Für unseren Stoffwechsel ist Glucose vor allem als Energielieferant von entscheidender Bedeutung. Einerseits entsteht bei der Auftrennung der Ketten Wärme, andererseits können die Glucosemoleküle sehr leicht mit dem Blut transportiert werden. Bei Fruchtzucker (Fructose) ist das anders. Dieser wird immerhin weitgehend insulinunabhängig im Körper verwertet, weshalb Diabetiker sich in Grenzen damit das Leben versüßen können.

9

Wie wirkt Zucker auf unsere Gesundheit?

Es gibt Ernährungswissenschaftler, die in Zucker gar kein Nahrungsmittel, sondern ein reines Genußmittel sehen. Sie sind überzeugt, daß der Mensch sehr gut ohne Zucker auskommen kann, vor allem ohne den heute üblichen raffinierten Haushaltszucker. Er ist besonders kalorienreich – 100 Gramm Zucker haben 400 kcal –, enthält aber keine Vitamine, Mineralstoffe oder Ballaststoffe. Deshalb spricht man auch von „leeren" Kalorien. Zucker, der im Stoffwechsel nicht gebraucht wird, verwertet der Körper besonders gern als Reservedepot für schlechte Zeiten. Genauer gesagt: Er setzt ihn umgehend in Fett um, einer der Gründe, warum so viele Menschen an Übergewicht leiden. Diese leeren Kalorien führen dazu, daß Zucker zwar satt macht, ohne aber dem Körper zugleich nötige Vitamine, Mineral- und Ballaststoffe zuzuführen. Es kann neben Übergewicht also auch zu Mangelerscheinungen kommen.

Beim Zucker ist es nicht anders als auch bei anderen Dingen: Es kommt ganz auf die Menge an. Zucker kann deshalb heute in unserer Gesellschaft soviel Schaden anrichten, weil er in riesigen Mengen konsumiert wird. In Amerika nimmt jeder Mensch pro Tag im Durchschnitt 200 Gramm Zucker in verschiedenster Form zu sich, das heißt als reinen Zucker und als Bestandteil von Speisen und Getränken. 200 Gramm pro Tag machen bis zu 30 Prozent der benötigten Gesamtkalorien pro Tag aus und sind damit eindeutig zuviel. In Deutschland werden „nur" ca. 100 Gramm Zucker pro Tag und Person verzehrt, also knapp die Hälfte der in den USA verbrauchten Menge. Aber auch dieser Wert ist nach Meinung der Mediziner viel zu hoch. Wünschenswert wäre, wenn der Konsum auf 40 bis höchstens 50 Gramm heruntergeschraubt würde. Diese Reduzierung ist möglich, ohne daß wir auf die angenehmen Seiten des Zuckers verzichten müssen. Die Deutsche Gesellschaft für Ernährung (DGE) empfiehlt sogar,

täglich nicht mehr als insgesamt 40 Gramm Honig, Konfitüre und Süßigkeiten zu essen. Dabei kommt es natürlich darauf an, wie hoch der jeweilige Zuckergehalt ist und was man zusätzlich an „süßen" Lebensmitteln aufnimmt.

Karies

Karies ist die am häufigsten verbreitete Zivilisationskrankheit, bei der sich eine direkte Abhängigkeit von der Ernährung nachweisen läßt. Im internationalen Vergleich bestehen große Unterschiede zwischen solchen Volksgruppen, die sich traditionell zuckerarm ernähren, und den Industrienationen, die wesentlich mehr Zucker essen. Karies entsteht zunächst am Zahnschmelz. Dieser besteht zu 97 Prozent aus den Mineralstoffen Calcium und Phosphat, zu einem Prozent aus Wasser und enthält außerdem etwas Eiweiß.

Für wasserlösliche Stoffe wie Calcium, Phosphat, Fluorid und einige Säuren ist der Zahnschmelz in begrenztem Maße durchlässig.

Eine Ursache für Karies ist die Mundflora, so nennt man die Bakterien, die die Mundhöhle besiedeln. Vor allem die Streptokokken sind es, die kariogen wirken. Sie spalten bestimmte Kohlenhydrate, überwiegend Haushaltszucker (Saccharose), aber auch Glucose, Fructose, Maltose, Galactose und Lactose. Dabei entstehen schon nach einigen Minuten verschiedene organische Säuren, hauptsächlich Milchsäure (Lactat). Dadurch sinkt der pH-Wert im Mund auf Werte von ca. 4,5 bis 5 ab. Die Säuren dringen in den Zahnschmelz ein und greifen die Mineralkristalle an der Oberfläche an. Die Mineralstoffe werden regelrecht herausgelöst. Wie stark Säure auf Calcium bzw. Kalk (Calciumcarbonat) wirkt, kennt man vom Reinigen mit Essig oder Zitronensäure im Haushalt. Je länger die Einwirkzeit der Säure auf den Zahnschmelz ist, um so mehr wird er geschädigt.
Nun haben die Zähne aber auch einen natürlichen Schutz, das ist der Speichel. Er ist nicht nur ein wichtiger Helfer bei der Verdauung, sondern neutralisiert auch die unerwünschten Säuren in der Mundhöhle und spült Speisereste fort. Menschen, die weniger Speichel zur Verfügung haben als der Durchschnitt, sind wesentlich stärker von Karies betroffen. Dazu gehören zum Beispiel Kinder, die häufig durch den Mund

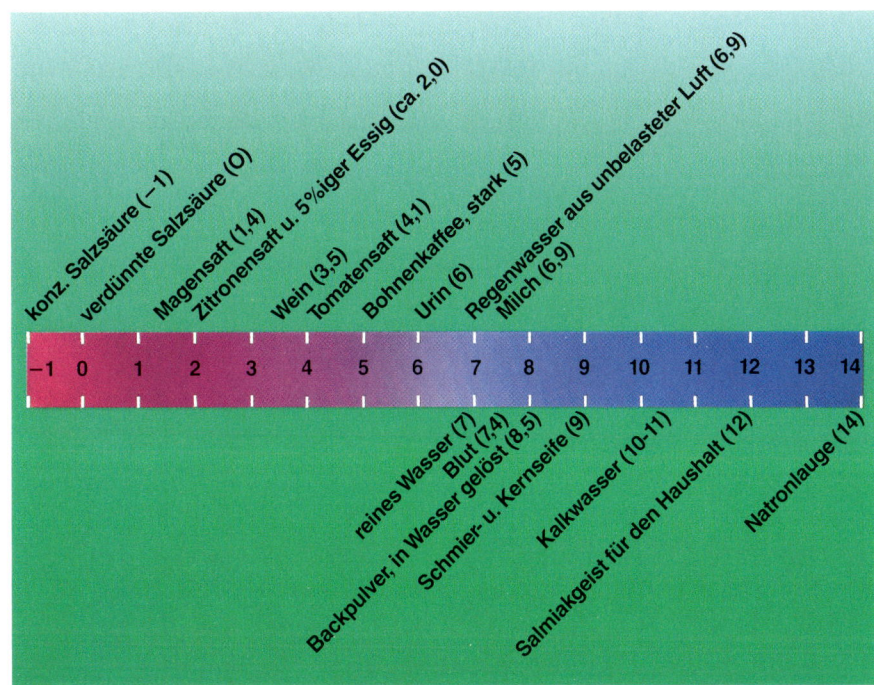

Abb. 1:   Der pH-Wert gibt an, wie stark sauer oder alkalisch eine Lösung ist. Dabei ist eine Lösung um so saurer, je kleiner der pH-Wert ist und um so alkalischer, je größer der pH-Wert ist. Der Neutralbereich liegt exakt beim pH-Wert 7. Säuren greifen den Zahnschmelz an und verursachen so Karies.

atmen. Besonders reichlich wird unser Speichelfluß, wenn wir eine Mahlzeit einnehmen, deshalb schadet Zucker zu diesem Zeitpunkt den Zähnen weniger. Dabei spielt auch eine Rolle, daß man den Zucker nicht pur ißt, sondern eingebettet in andere Nährstoffe, die ihn vor den Streptokokken quasi „abschirmen". Zuckerfreies Kaugummi ist

unter anderem auch deshalb gut für die Zähne, weil das Kauen den Speichelfluß anregt. Dazu gibt es heute handelsübliche Kaugummis mit Zuckeraustauschstoffen, am besten kauen Sie solche mit Xylit (siehe *Seite 19f.*), weil dieses die Fruchtsäuren vertreibt und die Mundbakterien nicht angreift.
Doch Speichel kann die Zähne überall dort nicht schützen, wo Plaques sitzen. Diese unlöslichen Verbindungen bestehen zu einem großen Teil aus Bakterien

Abb. 2: In 2000facher Vergrößerung sehen Sie hier Mikroorganismen (Bakterien, Pilze, Hefen usw.), die eine Zahnoberfläche besiedeln. Man nennt diese in ihrer Gesamtheit auch Plaque.

und sitzen meist in Nischen zwischen Zahnfleisch und Zahnschmelz. Durch die Aufnahme von Glucose und Fructose vermehren sich diese Bakterien sehr schnell. Zum Teil handelt es sich dabei um die gleichen Stämme, die auch die Säuren bilden. Deshalb produzieren die Plaques ständig neue Säuren, sobald sie Nachschub an Zucker bekommen. Nur die wirklich gründliche Reinigung mit einer guten Zahnbürste beseitigt die Plaques, Zahnseide und/oder eine gute Mundusche sind zusätzlich empfehlenswert.

Aber auch das Spurenelement Fluorid spielt eine wichtige Rolle für den Zahnschmelz. Es dringt in bereits teilweise entmineralisierte Bereiche des Zahnschmelzes, die als sogenannte Kreideflecke sichtbar werden, ein und sorgt dafür, daß aus dem Speichel neues Calcium und Phospor eingelagert werden kann. Ohne Fluorid würde an dieser angegriffenen Stelle Karies entstehen. Mit Hilfe des Fluorids kann die betroffene Stelle auf natürliche Weise wieder remineralisiert werden. Deshalb sollte man über den Tag verteilt mehrmals geringe Mengen Fluorid aufnehmen. Prof. Dr. Dr. Hans Jörg Staehle von der Poliklinik für Zahn-

erhaltungskunde in Heidelberg weist darauf hin, daß gerade durch die regelmäßige Aufnahme von Fluorid sehr viel für die Kariesvorbeugung getan werden kann. Dazu empfiehlt er insbesondere fluoridiertes Kochsalz. Fluorid ist außerdem enthalten in Meeresfischen und in schwarzem Tee.

Lebensmittel, die 15 bis 20 Prozent Zucker oder mehr enthalten, gelten als kariesfördernd. Klebrige Bonbons, aber auch Honig sind bekanntermaßen besonders gefährlich für die Zähne. Wenn Sie Ihre Zähne schonen wollen, putzen Sie sie nach jeder Süßigkeitenaufnahme oder verwenden Sie Zuckeraustauschstoffe und Süßstoffe. Auch zuviel saure Nahrungsmittel können Schaden anrichten. Das Schlimmste, was man seinen Zähnen antun kann, sind zuckergesüßte Getränke, zum Beispiel Limonaden oder auch Kindertees, die über den ganzen Tag verteilt häufig getrunken werden. Das gleiche gilt für Süßigkeiten, die ständig zwischendurch genascht werden. Der Speichel hat dann keine Chance, die Säure im Mund zu neutralisieren.

Seit 1986 gibt es in Deutschland handelsübliche Süßwaren, auf deren Verpackung ein „Zahnmännchen mit Schirm" zu sehen ist. Dieses Symbol bescheinigt – nach bestandenen Tests – eine zahnfreundliche Qualität. An der „Aktion zahnfreundlich e.V." sind neben Zahnärzteverbänden und Grundstoffherstellern auch Süßwarenhersteller beteiligt.

Im Rezeptteil unseres Buches finden Sie viele Rezepte, die besonders zahnfreundlich sind.

Diabetes

Bei einem gesunden Menschen wird der Zucker, der mit der Nahrung in den Blutkreislauf gelangt, durch das Hormon Insulin so umgewandelt, daß er von den Zellen aus dem Blut aufgenommen und verwertet werden kann. Eine Erkrankung an Diabetes mellitus liegt vor, wenn das Hormon Insulin fehlt, nur unzureichend gebildet wird oder unvollständig wirkt, so daß der Blutzuckerspiegel erhöht ist. Diabetes tritt heute doppelt so häufig auf wie vor 25 Jahren. Zehn Prozent der über 70jährigen Menschen leiden darunter. Man unterscheidet zwei verschiedene Arten von Diabetes mellitus, die man als Typ-I- und Typ-II-Diabetes bezeichnet.

Die schwerere Erkrankung ist die Typ-I-Diabetes. Sie beginnt meist schon vor Vollendung des 30. Lebensjahres und kann bereits bei Kindern auftreten. Bei diesen Diabetikern sind die insulinbildenden Zellen (die sogenannten Beta-Zellen) der Bauchspeicheldrüse zerstört. Deshalb produzieren sie so gut wie kein Insulin. Man geht davon aus, daß sowohl erbliche Veranlagung als auch bestimmte Umweltfaktoren zusammentreffen, wenn diese Krankheit sich zeigt. Der Typ-I-Diabetiker muß seinen Blutzucker ständig selbst kontrollieren und regelmäßig Insulin spritzen. Dazu gibt es heute sehr moderne Meßgeräte und sogenannte Schießapparaturen.

Die häufiger als Typ-I- auftretende Typ-II-Diabetes, auch als Altersdiabetes bezeichnet, ist die weniger schwere Form dieser Erkrankung. Sie kann in jedem Alter entstehen, beginnt aber meist erst bei Patienten, die über 40 Jahre alt sind. Auch für den Typ II scheint es eine erbliche Veranlagung zu geben. Bei diesen Menschen ist die Funktion der Bauchspeicheldrüse eingeschränkt. Wenn später mit zunehmendem Alter zusätzliche belastende Faktoren, zum Beispiel Übergewicht (etwa 80 Prozent aller Typ-II-Diabetiker sind übergewichtig), ins Spiel kommen, macht sich die Krankheit bemerkbar. Wenn die eingeschränkt arbeitende Bauchspeicheldrüse gerade noch genug Insulin für einen Normalgewichtigen produziert, so reicht diese Menge nicht mehr aus, wenn das Gewicht des Patient zu hoch wird und sich der Insulinbedarf erhöht. Mediziner nehmen auch eine Abnahme der Insulinwirksamkeit mit zunehmendem Alter als einen Grund für die Fehlfunktion an.
Bei Diabetes empfiehlt der Arzt zunächst eine entsprechende Ernährungsumstellung bzw. Diät, körperliche Bewegung und – bei übergewichtigen Diabetikern – eine Gewichtsreduzierung. Ein großer Teil der Typ-II-Diabetiker bekommt

dadurch seine Blutzuckerwerte in den Griff. Die Ärzte sind der Meinung, daß nur bei wenigen Typ-II-Diabetikern Medikamente notwendig sind. Für diese Fälle gibt es Tabletten, sogenannte Antidiabetika. Diese kommen jedoch nur für die Diabetiker in Frage, deren Beta-Zellen (siehe *links*) in der Bauchspeicheldrüse zwar noch eigenes Insulin bilden, es jedoch nach einem entsprechenden Essen nicht ausreichend oder zu langsam ausschütten.
Das Tückische an der leichteren Form der Diabetes ist, daß man sie zunächst nicht wahrnimmt. Sie verursacht manchmal auch lange keine spürbaren Beschwerden. Die Folgen von langzeitig erhöhten Blutzuckerwerten sind allerdings verheerend. Wenn man die ersten Beeinträchtigungen registriert, ist oft bereits sehr viel kostbare Zeit vergangen und der Körper schon enorm geschädigt.

Bei körperlicher Anstrengung brauchen Diabetiker ebenso wie gesunde Menschen weniger Insulin, weil der aufgenommene Zucker besser im Organismus verarbeitet wird, das heißt ein Teil wird sofort in Energie umgewandelt.
Bei einem Gesunden liegt der gemessene Blutzuckerwert morgens vor dem Essen nicht über 110 mg/dl Blut. Später steigt dieser Wert dann automatisch auch ohne Nahrungsaufnahme auf ca. 180 mg/dl Blut an. Zwar wird der größte Teil des Zuckers, der mit der Nahrung in den Blutkreislauf gelangt,

durch das Insulin für den Körper so umgebaut, daß er ihn direkt verwerten kann, allerdings bleibt eine bestimmte Menge an Zucker immer im Blut zurück. Diese benötigt der Organismus als ständig bereitstehende Energiereserve. Wenn diese einmal fehlt, kommt es zur sogenannten Unterzuckerung. Das sind schwere Symptome, die bei einem insulinpflichtigen Diabetiker zum Tod führen können.

Bei einem gesunden Menschen bildet sich das Insulin deshalb nur bei Bedarf, also sobald überschüssiger Zucker ins Blut gelangt. Wenn diese Steuerung nicht funktioniert, steigt der Blutzuckerwert. Sobald der Blutzuckerwert am Morgen vor dem Essen über 120 mg/dl liegt und nach dem Essen über 200 mg/dl, spricht man von Diabetes. Durch die Behandlung sollen die Blutzuckerwerte unter 160 bis 180 ml/dl sinken. Für Diabetiker gibt es sogenannte Austauschtabellen, die es ihnen ermöglichen, die richtige Diät einzuhalten.

Was geschieht bei erhöhten Blutzuckerwerten?

Der ungenügend behandelte Diabetiker scheidet Zucker mit dem Urin aus. Der Zucker bindet Feuchtigkeit und deshalb wird gleichzeitig vermehrt Wasser ausgeschieden. Mit dem Wasser werden auch Mineralstoffe aus dem Körper gespült. Der Mensch hat also starken Durst, eines der Symptome für eine nicht erkannte Diabetes.

Weil das Insulin zur Umwandlung fehlt, wird der Zucker vom Körper nicht richtig verwertet. Aufgrund des Zuckermangels werden aus den Muskeln Fett- und Eiweißreserven abgebaut, der Betroffene fühlt sich abgespannt und müde und kann auch an Gewicht verlieren. Das Immunsystem ist geschwächt. Diabetiker leiden häufiger unter Erkältungen, Hautinfektionen und einem Pilzbefall der Haut. Bei einem verstärkten Fettabbau entstehen Aceton und Acetessigsäure. Das führt schließlich zu einer lebensgefährlichen Übersäuerung des Blutes, wenn kein Insulin zugeführt wird. Man spricht vom diabetischen Koma, wenn aus der Müdigkeit Bewußtlosigkeit wird, die zum Tode führen kann.

Aber bereits eine geringe Erhöhung der Blutzuckerwerte über längere Zeit, die der Betroffene selbst nicht bemerkt, schädigt Nerven und Blutgefäße. Dadurch können Veränderungen an der Netzhaut des Auges auftreten. Wenn Erwachsene in relativ jungem Alter erblinden, dann ist das meist die Folge einer Diabeteserkrankung. Die Risiken zu Herzinfarkt und Schlaganfall werden durch die Diabeteserkrankung stark erhöht. Es kann zu Nierenschädigungen kommen, zu Verdauungsstörungen, zu Störungen der Schweißdrüsen und zu Sexualstörungen. Kribbeln und Taubheitsgefühle in den Gliedern, aber aufgrund von Durchblutungsstörungen auch sehr starke Schmerzen in den

Beinen sind die Folgen einer unentdeckten Diabetes. Nekrosen an den Zehen sind typische Konsequenzen eines sogenannten „Diabetikerfußes". Besonders den Typ-II-Diabetikern fehlt häufig ein ausreichendes Wissen über ihre Krankheit. Die Fachleute meinen, daß man mit einer besseren Aufklärung der Patienten sehr viel erreichen könnte. 55 Prozent aller Diabetiker sterben an einem Herzinfarkt, pro Jahr gibt es 1000 neue dialysepflichtige Diabetiker und 27 000 Fußamputationen. Man schätzt, daß in Deutschland noch ca. fünf Prozent der Schwangeren eine unentdeckte Diabeteserkrankung haben.

Was die Ernährungsrichtlinien für Diabetiker angeht, so hat sich in der Forschung einiges getan. Die neuen Ernährungsempfehlungen der Diabetes-Gesellschaften in Deutschland, Europa und den USA gestatten den Diabetikern sogar etwas mehr an Freiheiten. Man hat herausgefunden, daß in sehr kleinen Mengen sogar der Haushaltszucker – allerdings nur als Zutat in Lebensmitteln, nicht pur – für Diabetiker erlaubt ist. Entscheidend ist, daß der Zucker so mit anderen Nahrungsbestandteilen verbunden ist, daß er nicht sofort vom Körper abgebaut werden kann.

Besonders günstig wirken sich Ballaststoffe aus. Insulinpflichtige Diabetiker, die ihre Blutzuckerwerte kontrollieren, sollten das bei ihrer Ernährung unbedingt berücksichtigen. Sie benötigen bei einer erhöhten Aufnahme von Ballaststoffen wahrscheinlich weniger Insulin. Man empfiehlt Diabetikern, mindestens 35 Gramm Ballaststoffe täglich aufzunehmen. Durch ausreichende Mengen von löslichen Ballaststoffen wird zusätzlich der Cholesterinspiegel gesenkt. Nur 20 Prozent der täglichen Kalorienmenge sollte aus Eiweiß bestehen, und das nicht nur beim Diabetiker. Weitere 55 bis 60 Prozent der täglichen Kalorien sollten von Kohlenhydraten geliefert werden. Diabetiker, die einer strengen Diät unterliegen, müssen von jedem Nahrungsmittel zunächst einmal die sogenannten Broteinheiten (= BE) berechnen, um festzustellen, ob überhaupt und wieviel sie davon essen können. Das ist notwendig, damit sie ihre täglich zulässigen Kohlenhydratmengen nicht überschreiten.

Für Menschen, die sich das medikamentöse Insulin mit der Injektionsnadel zuführen müssen – das geschieht nie direkt in die Blutbahn, sondern stets in das Unterhautfettgewebe –, gibt es in letzter Zeit erhebliche Erleichterungen.

Früher mußten sie mindesten 30 Minuten vor jeder Mahlzeit Insulin zuführen, damit für die Aufnahme der Kohlenhydrate eine optimale Insulinmenge zur Verfügung stand. Ein weiterer Nachteil dieser bisher verfügbaren Normalinsuline war die lange Wirkungsdauer von sechs bis acht Stunden. Da sich mit einer Steigerung der Dosis die Dauer deutlich verlängert, ist die Wirkung für den Patienten oft nicht einfach abzuschätzen. Während beim Gesunden bereits nach zwei Stunden der normale Insulinspiegel wieder eingestellt ist, macht die längergehende Erhöhung des Insulinspiegels beim Diabetiker nach dem Spritzen von Normalinsulin Zwischenmahlzeiten oft unumgänglich, um eine Unterzuckerung (siehe *Seite 14*) zu vermeiden.

Die Firma „Lili" hat nun ein Insulin entwickelt, das nach Injektion in das Unterhautfettgewebe deutlich schneller in Einzelmoleküle zerfällt und daher rascher in die Blutbahn resorbiert wird. Dies führt zu einem schnelleren Wirkungseintritt, höherem maximalen Insulinspiegel und

einer deutlich verkürzten Wirkdauer. Daher kann dieses Insulin ohne Spritz-Eß-Abstand unmittelbar vor den Mahlzeiten gegeben werden, auch die Gefahr von Unterzuckerung einige Zeit nach den Mahlzeiten ist vermindert. Der Entscheidungsspielraum, was und wann man essen will, wird dadurch erheblich vergrößert, der Diabetiker kann sich selbst kurz vor der Mahlzeit noch für das eine oder andere leckere Gericht entscheiden. Das bedeutet natürlich eine erheblich höhere Lebensqualität.

Es muß gesagt werden, daß dieses Insulin wie die meisten Insulinpräparate mit Hilfe der Gentechnik produziert wird. Das beweist, daß diese Methode durchaus – trotz aller generellen Risiken für den einzelnen – einen hohen Nutzwert hat. Wer sich mehr für Gentechnik im Alltag interessiert, dem sei das neueste Buch, das ich als Herausgeber initiiert habe, empfohlen: „Gentechnik im Alltag" von Dr. Ellen Norten und Dr. Angela Lindner. Es ist im gleichen Verlag wie dieses Buch erschienen.

Das Süßen von Speisen und Getränken

Zuckerarten

Unsere Vorfahren in Mitteleuropa kannten lange Zeit nur Honig und Früchte zum Süßen. Andere Völker waren da findiger, denn bereits im 7. Jahrhundert nach Christus bauten die Araber der Überlieferung nach Zuckerrohr in Plantagen an und gewannen aus diesen schilfähnlichen Pflanzen Zucker. Schließlich gelangte der Rohrzucker als Beutegut der Kreuzritter auch in unsere Breiten. Er war aber so unerschwinglich teuer, daß man ihn paradoxerweise als Medizin ansah. Erst im Jahr 1747 machte der Chemiker Andreas Sigismund Marggraf die entscheidende Entdeckung, daß sich auch aus Zuckerrübensaft reiner Kristallzucker gewinnen läßt. Seitdem hat der Zucker unsere Ernährungsgewohnheiten sehr beeinflußt – nicht unbedingt positiv. Heute gibt es verschiedenste Zuckerqualitäten im Handel.

Abb. 1: Der normale Haushaltszucker bildet – wie beim Kandis – durch seinen inneren Molekülaufbau regelmäßige Kristalle.

Rübenzucker

Die Zuckerrübe enthält 16 bis 22 Prozent Zucker. Um den kristallinen Zucker zu gewinnen, werden zunächst die gewaschenen Rüben zerkleinert und mit heißem Wasser ausgelaugt. Dieser trübe, graue Rohsaft, der noch Eisen und Magnesium enthält, wird dann der sogenannten Reinigung unterzogen. Dabei wird Kalk und Kohlensäure zugefügt und anschließend wieder herausgefiltert. Durch diesen Prozeß entsteht ein klarer, hellgelber Saft, der zu dickflüssigem Zuckersirup (Melasse) eingedampft wird. Sobald diese Zuckerlösung übersättigt ist, kristallisiert sie aus. In einer Zentrifuge werden die Zuckerkristalle vom Sirup getrennt. Der so gewonnene Rohzucker ist gelblich braun. Durch Waschen mit Wasser und Dampf wird er zum Weißzucker, der allerdings nicht von reinweißer Farbe ist. Er enthält noch Anteile von Mineralstoffen aus der Zuckerrübe und ist im normalen Lebensmittelhandel leider kaum erhältlich. Dem Verbraucher wird meist nur Rohzucker aus Zuckerrohr angeboten.

Für die Produktion unseres üblichen Handelszuckers wird der Weißzucker wieder aufgelöst und erneut zum Kristallieren gebracht. Dabei entstehen schneeweiße Kristalle, die man als Raffinade bezeichnet. Das ist unser normaler Haushaltszucker. Sogenannter brauner Zucker ist meist mit Karamel gefärbt, was ihm einen kräftigeren Geschmack gibt. Auch brauner Kandiszucker wird vorher karamelisiert und dann so behandelt, daß sich anstelle der gewohnten kleinen Zuckerkristalle die besonders großen und gleichmäßigen Kristalle des Kandis bilden. Haushaltszucker – egal ob weiß oder braun – enthält keine Mineralstoffe mehr.

Rübensirup

Zur Gewinnung von Rübensirup werden die gewaschenen und zerkleinerten Zuckerrüben zunächst gekocht. Dabei entsteht seine dunkle Farbe. Der Rübensaft wird aus dem Brei herausgepreßt und eingedampft. Das fertige Produkt enthält 62 Prozent Zucker. 100 Gramm Rübensirup haben 270 kcal und ca. 13 Milligramm Eisen (Tagesbedarf 15 Milligramm) und 90 Milligramm Magnesium. Rübensirup wird als Brotaufstrich gegessen, aber auch zum Backen von Brot und Kuchen genutzt. Industriell wird er unter anderem zur Herstellung von Hustensaft und Lakritz verwendet.

Rohrzucker

Rohrzucker wird aus dem tropischen Zuckerrohr gewonnen. Sein hoher, dicker Stengel enthält ein Mark, das zu fast 20 Prozent aus Zucker besteht. Dieser Zuckerrohrsaft wird in Mühlen ausgepreßt und dann ähnlich weiterverarbeitet wie Rübenzucker. Exportierter Rohrzucker stammt aus Kuba, der Dominikanischen Republik, von den Philippinen oder aus Brasilien. Bei uns ist handelsüblicher Rohrzucker meist Rohzucker (siehe *links*), das heißt er enthält noch Anteile von Mineralstoffen und anderen Begleitsubstanzen. Doch auch aus Rohrzucker gibt es eine reine Raffinade, die sich von ihren Inhaltsstoffen vom entsprechenden Rübenzucker nicht unterscheidet, aber bei uns kaum erhältlich ist und auch zu teuer wäre.

Honig

Honig war über Jahrtausende hinweg das einzige Süßungsmittel der Menschheit. Man nutzte ihn aber auch als Heil- und Schönheitsmittel, denn seine Kohlenhydrate haben eine feuchtigkeitsspendende Wirkung. Streichen Sie doch einmal etwas Honig auf eine Hautstelle und lassen Sie ihn 10 bis 15 Minuten einwirken. Dadurch wird Ihre Haut ganz weich und geschmeidig.

In der Honig-Verordnung von 1976 ist das begehrte Produkt der sprichwörtlich fleißigen Bienen folgendermaßen beschrieben: „Honig ist ein flüssiges oder kristallines Lebensmittel, das von Bienen erzeugt wird, indem sie Blütennektar, andere Sekrete von lebenden Pflanzenteilen oder auf lebenden Pflanzen befindliche Sekrete von Insekten aufnehmen, durch körpereigene Sekrete bereichern und verändern, in Waben speichern und dort reifen lassen."
Man unterscheidet zwischen Blütenhonig aus Blütennektar (zum Beispiel Akazien-, Linden-, Klee- oder Rapshonig) und Honigtau- oder Waldhonig aus zuckerreichen Absonderungen pflanzensaugender Insekten (zum Beispiel

Tannen- oder Fichtenhonig). Blütenhonige sind generell etwas süßer als Waldhonige.

Der frische Honig ist relativ flüssig und durchscheinend. Er besteht zu ca. 70 Prozent aus Invertzucker (siehe *Seite 8*) und zu ca. 20 Prozent aus Wasser. Weiterhin sind Mineralstoffe, Säuren, Enzyme, Aromastoffe und andere organische Verbindungen enthalten. Auf diese Vielfalt von Inhaltsstoffen führt man unter anderem auch seine Heilwirkung zurück. Honig neigt zum Kristallisieren, läßt sich aber durch leichtes Erwärmen schnell wieder verflüssigen. Honig wirkt genauso kariogen, also kariesfördernd, wie Zucker. Seine Süßkraft verdankt er seinem Gehalt an Trauben- und Fruchtzucker. Deshalb ist er für Diabetiker völlig ungeeignet.

In Deutschland ist Honig so beliebt, daß die heimischen Imker den Bedarf nicht decken können. Der überwiegende Teil des handelsüblichen Honigs wird importiert. Wenn Sie Honig aus sogenannten Ländern der „Dritten Welt" kaufen, achten Sie darauf, daß er aus „fairem Handel" kommt, der den dort ansässigen Imkerfamilien ein akzeptables Einkommen ermöglicht.

Ahorn-Sirup

In Kanada wird Ahornbäumen im Frühjahr während eines Zeitraumes von drei bis sechs Wochen regelmäßig ein Teil des frisch aufsteigenden Saftes abgezapft. Bei Temperaturen über 100 °C wird dieser zuckerhaltige Saft (zwei bis zwölf Prozent Zucker) zum Ahorn-Sirup eingedickt. In Kanada unterscheidet man die Qualitäten AA, A, B, C und D. Der erste Saft zu Beginn der Erntezeit im Februar/März ergibt den besten Ahorn-Sirup. Er hat eine helle bernsteingelbe Farbe und einen mild-süßen Geschmack. Der später gewonnene Saft wird immer dunkler. Zum Ende der Erntezeit läßt sich aus dem Saft nur noch ein nahezu schwarzer Ahorn-Sirup kochen, der fast schon unangenehm süß und sehr intensiv im Geschmack ist. Diese Qualität C wird nur industriell weiterverwendet. In Deutschland ist fast ausschließlich die Qualität A im Handel erhältlich. Ahorn-Sirup enthält 67 Prozent Zucker, der größte Anteil davon ist Haushaltszucker (Saccharose). Ein kleiner Anteil des Zuckers besteht aus Fruchtzucker und Traubenzucker. Die restlichen 33 Prozent sind Wasser. Ahorn-Sirup wird überwiegend zum Aromatisieren von Desserts verwendet.

Zuckeraustauschstoffe

Zu den Zuckeraustauschstoffen gehören zwei ganz unterschiedliche Gruppen: Zum einen der Fruchtzucker, ein echtes Kohlenhydrat, das aber insulinunabhängig verdaut wird und deshalb für Diabetiker geeignet ist. Zum anderen die sogenannten Zuckeralkohole, die ebenfalls als Zuckeraustauschstoffe bezeichnet werden. Diese süß schmeckenden Substanzen gehören nur chemisch zu den Alkoholen, haben jedoch mit ihm im Sinne von Weingeist nichts zu tun. In Pflanzen, vor allem in Früchten, kommen sie neben anderen Zuckerarten natürlich vor. Das Besondere an ihnen ist, daß sie in unserem Verdauungstrakt nicht unmittelbar in Glucose umgewandelt werden können, sondern wesentlich langsamer verdaut werden. Diese Zuckeraustauschstoffe sind deshalb auch für Diabetiker geeignet. Sie müssen aber auf jeden Fall in die tägliche Berechnung der Broteinheiten aufgenommen werden.

Im Lebensmittelrecht hat man sich darauf geeinigt, für die drei Zuckeralkohole Sorbit, Isomalt und Xylit jeweils den gleichen Kalorienwert anzusetzen, das heißt 100 Gramm haben 240 kcal. Im Vergleich dazu: 100 Gramm Zucker oder Fruchtzucker besitzen 400 kcal.

Die Zuckeraustauschstoffe Sorbit, Isomalt und Xylit haben noch einen weiteren Vorteil: Sie werden von den Bakterien der Mundhöhle so langsam zu Säuren abgebaut, daß sie nicht kariogen wirken. Alle drei haben – in etwas größeren Mengen genossen – eine abführende (laxierende Wirkung). Der Grund dafür ist ihr verzögerter Abbau im Magen-Darm-Trakt. Ein Erwachsener sollte aus diesem Grund nicht mehr als etwa 28 Gramm pro Tag essen – verteilt auf mehrere Portionen. Wieviel jeder einzelne verträgt, bevor es zu Blähungen kommt, ist unterschiedlich. Wenn man an den Verzehr von Zuckeralkoholen gewöhnt ist, steigert sich oft die Verträglichkeit. Sorbit, Isomalt und Xylit haben einen großen Vorteil bei der Anwendung: Sie werden beim Erhitzen nicht braun, d.h. sie verbrennen nicht so schnell wie Zucker (siehe *Seite 47f.*). Grundsätzlich sollte man beachten, daß Zuckeraustauschstoffe etwas völlig anderes sind als Süßstoffe (siehe *Seite 21ff.*).

Sorbit

Sorbit ist der heute am häufigsten verwendete Zuckeraustauschstoff. Er wurde 1868 entdeckt und wird seit 1929 als Zuckerzusatz verwendet. Sorbit kommt in der Natur in vielen Früchten vor, allerdings in relativ geringen Mengen. Aprikosen, Äpfel und Pfirsiche enthalten ca. ein Prozent Sorbit, Birnen bis zu drei Prozent und Pflaumen fast fünf Prozent. Der in den Pflaumen enthaltene Sorbit ist der Grund für ihre abführende Wirkung.

Industriell wird Sorbit aus Maisstärke gewonnen und ist der preiswerteste Zuckeraustauschstoff. Seine Süßkraft ist jedoch nur halb so groß wie die von Haushaltszucker. Sorbit ist leicht wasserlöslich sowie koch- und backfest. Dieser Zuckeraustauschstoff wirkt relativ stark wasseranziehend bzw. -bindend und wird deshalb – in geringer Menge – als sogenanntes Feuchthaltemittel in vielen Lebensmitteln eingesetzt. Man verhindert damit ein zu

Abb. 2:   Xylit (die beiden Näpfchen oben) hat die gleiche Süßkraft wie Zucker (links) und verursacht garantiert keine Karies, ist aber leider sehr teuer. Das billigere Sorbit (rechts) hat nur die halbe Süßkraft von Zucker.

schnelles Austrocknen, zum Beispiel in Backwaren.

Sorbit hat von allen hier aufgeführten Zuckeraustauschstoffen die geringste Neigung zur Kristallisation, deshalb können Sie daraus sehr leicht einen Sirup herstellen: einfach 70 Teile Sorbit und 30 Teile kochendes Wasser mischen. Dieser Sirup kann ein Jahr und länger haltbar sein. In unseren Rezepten setzen wir Sorbit meist ein, um bestimmte Süßigkeiten weich zu halten.

Vorsicht: Der unangepaßte Organismus kann bei zuviel Sorbit mit starken Blähungen reagieren.

Xylit

Xylit ist ein geruchloses, weißes, kristallines Pulver, das wie Zucker schmeckt und aus Xylose (Holzzucker) gewonnen wird.

Xylit kommt wie Sorbit häufig in der Natur vor. Er ist in vielen Pflanzen enthalten, zum Beispiel in Birkenholz, aber auch in gängigen Obst-, Gemüse- und Fruchtsorten wie Blumenkohl, Erdbeeren, gelben Pflaumen usw. Im Körper der Tiere und Menschen ist er ebenfalls vorhanden, und zwar als Zwischenprodukt des Stoffwechsels. So bildet die Leber eines erwachsenen Menschen pro Tag immerhin 5 bis 15 Gramm Xylit.

Der große Vorteil von Xylit ist, daß er die gleiche Süßkraft wie normaler Zucker hat, fast genauso schmeckt und trotzdem garantiert keine Karies auslöst. Im Gegenteil, er verhindert, daß sich in der Mundhöhle schädliche Säuren bilden und wirkt auf diese Weise Karies sogar entgegen.
Ein weiteres interessantes Merkmal von Xylit ist, daß er einen hohen Lösungswärmebedarf hat, das bedeutet, er erzeugt auf der Zunge einen kühlenden Effekt. Deshalb ist er besonders zur Herstellung von Eiskonfekt (siehe *Seite 73*) geeignet. Reiner Xylit, der einmal geschmolzen ist, wird von allein nicht wieder fest (siehe *Seite 54*). Industriell wird Xylit häufig in zuckerfreien Kaugummis eingesetzt, weil er so positiv auf die Zähne wirkt. Leider ist Xylit ein sehr teures Produkt.
Vorsicht: Der unangepaßte Organismus reagiert bei mehr als zehn Gramm Xylit pro Tag mit Blähungen.

Isomalt
Isomalt ist eine Verbindung aus Sorbit, Mannit (aus Mannose) und Glucose. Hergestellt wird er zunächst in einer Art

Abb. 3: Isomalt kristallisiert schnell und wird dann fest. Eine ideale Voraussetzung für die Herstellung von Lutschern, die den Zähnen nicht schaden. (Rezept siehe Seite 53.)

Gärprozeß unter der Einwirkung von Bakterien aus Saccharose (Haushaltszucker). Dabei bildet sich eine spezielle Zuckerart, die Isomaltulose. Aus diesem Zwischenprodukt wird dann der Isomaltzucker gewonnen. Isomalt kommt in dieser Form in der Natur nicht vor, ist aber trotzdem unbedenklich, weil er aus den gleichen natürlichen Grundbausteinen, die auch in anderen Zuckerarten vorkommen, besteht. Isomalt wird wie die anderen Zuckeraustauschstoffe im menschlichen Körper verzögert abgebaut und ist deshalb für Diabetiker geeignet und außerdem zahnschonend. 20 Gramm Isomalt haben eine Broteinheit. Die Hersteller von Isomalt gehen allerdings davon aus, daß die Substanz tatsächlich einen etwas geringeren Kaloriengehalt hat und meinen, daß 22 Gramm Isomalt einer Broteinheit entsprechen.

Isomalt wirkt im Gegensatz zu Sorbit nicht hygroskopisch, das heißt nicht wasseranziehend, deshalb werden Isomaltbonbons auch nach längerer Lagerzeit nicht klebrig. Der Schmelzpunkt von Isomalt liegt bei etwa 150°C, allerdings wird er schon bei 95°C flüssig und verfärbt sich dabei fast nicht. Isomalt ist also viel einfacher zu schmelzen als Zucker, der dabei leicht anbrennen kann. Der Nachteil ist, daß sich Isomalt aus diesem Grunde jedoch nicht karamelisieren läßt, das heißt mit Isomalt läßt sich kein Karamelgeschmack erzielen. Das können Sie aber durch einen kleinen Zusatz von Oligofruct HT (siehe *Seite 44*) ausgleichen.

Isomalt rekristallisiert schnell und wird dann wieder fest. Deshalb ist er ideal für Bonbons, Lutscher oder Hartkrokant geeignet. Bei Raumtemperatur sind nur ca. 25 Prozent Isomalt in Wasser löslich, Haushaltszucker dagegen ist zu ca. 65 Prozent löslich. Deshalb sollten Sie zum Beispiel keine Konfitüre kochen, die 50 Prozent Isomalt und 50 Prozent Früchte enthält. Nach kurzer Zeit würden sich in der Konfitüre unangenehme Isomaltkristalle bilden. Rezepte für Konfitüren mit Zuckeraustauschstoffen finden Sie im Hobbythekbuch „Fruchtig frisch mit Frusip's".
Auch hier reagiert der Körper bei zu großer Menge (mehr als 15 Gramm pro Tag) mit Blähungen, allerdings weniger als bei Xylit und Sorbit.

Fruchtzucker

Fruchtzucker ist ein Monosaccharid (siehe *Seite 8*). Er kann durch Abtrennen des Traubenzuckers aus Haushaltszucker oder durch Zerkleinerung der langen Molekülketten aus den Ballaststoffen Oligofructose bzw. Inulin (siehe *Seite 43f.*) gewonnen werden. Fruchtzucker zählt deshalb zu den Zuckeraustauschstoffen, weil er im Stoffwechsel von der Leber schnell umgesetzt wird. Er wird insulinunabhängig verdaut und beeinflußt kaum den Blutzuckerspiegel, deshalb spielt er in der Diabetikerernährung eine wichtige Rolle. Bis zu 60 Gramm täglich – auf mehrere Portionen verteilt – kann ein Erwachsener insulinunabhängig verdauen. Aber so viel Zucker sollte selbst ein Gesunder nicht täglich zu sich nehmen. Zwölf Gramm Fruchtzucker werden mit einer Broteinheit (BE) berechnet.
Fruchtzucker hat keine abführende Wirkung wie die Zuckeralkohole, wirkt aber kariogen und ist genauso kalorienreich wie Haushaltszucker. Fruchtzucker bräunt beim Erhitzen schneller und stärker als Haushaltszucker; diese Eigenschaft muß beim Backen berücksichtigt werden.

Süßstoffe

Im Gegensatz zu den bisher beschriebenen süßen Substanzen sind die Süßstoffe fast völlig kalorienfrei. Siehe dazu auch auf *Seite 39f.* die Süßungsmittel der Hobbythek. Sie besitzen eine enorm große Süßkraft. Eine winzige Süßstofftablette kann zum Beispiel einen Teelöffel Zucker (fünf Gramm) ersetzen. Während die Süßstofftablette so gut wie keine Kalorien hat, bringt jeder Teelöffel Zucker 20 kcal mehr in Ihre Tagesbilanz. Bei fünf gesüßten Tassen Tee oder Kaffee sind das schon 100 kcal. Süßstoffe sind aber nicht nur kaloriensparend, sondern auch zahnfreundlich, das heißt sie erzeugen im Mund keine Säure wie der Zucker (siehe *Seite 11*).

Weiterhin spielen Süßstoffe natürlich eine wichtige Rolle in der Ernährung von Diabetikern. Besonders beim Süßen von Getränken ist es in jedem Falle sinnvoll, auf Süßstoffe auszuweichen, denn gerade mit süßen Getränken wie Limonaden und Cola nimmt man normalerweise eine große Menge Zucker auf. Bei der Herstellung von Süßigkeiten ist es dagegen nicht ganz so einfach, auf Süßstoffe auszuweichen, weil schon geringste Mengen den Süßgeschmack erzeugen, dann aber ein Teil der Masse fehlt. Aber natürlich haben wir entsprechende Rezepte dazu entwickelt. Doch woher kommt die starke Süßkraft dieser Substanzen? Mit den Süßstoffen werden quasi die Geschmacksnerven überlistet, die dazu geschaffen sind, dem Organismus den Sinn für süße Kalorien zu schärfen. Die äußere Struktur der Süßstoffe löst bei den ca. 2000 Geschmackssensoren auf der Zunge ähnliche Reaktionen aus wie die

Übersicht über Süßungsmittel

je 100 g enthalten	Brennwert (kcal)	1 BE entspricht	Süßkraft im Vergleich zu Zucker (%)	für Diabetiker geeignet	Kariogenität	empf. Verzehrgrenze pro Portion	empf. Verzehrgrenze pro Tag
Haushaltszucker	400		100	nein	hoch		
Fruchtzucker	400	12 g	120	ja	hoch		
Honig	320		80	nein	hoch		
Fruchtsüße HT	272	17,8 g	100	ja	hoch		
Apfelsüße HT	270	17,5 g	95	nein	hoch		
Sorbit	240	12 g	50	ja	gering		ca. 28 g
Isomalt	240	20 g	50	ja	gering		ca. 28 g
Xylit	240	20 g	100	ja	keine		ca. 28 g
Ballastsüße HT	132		180	ja	gering	4 g (1 TL)	ca. 16 g
Aspartam	–	–	20000	ja	keine		
Acesulfam K	–	–	20000	ja	keine		
Cyclamat	–	–	4000	ja	keine		
Saccharin	–	–	30–50000	ja	keine		
Lightsüß HT	–	–	20000	siehe *Seite 40*	keine		
Konfilight HT	–	–	10000	ja	keine		
Oligofruct HT	160	240 g	30	ja	gering	3 g (1 TL)	ca. 12 g
Inulin 90 HT	120	150 g	10	ja	gering	3 g (1 TL)	ca. 12 g

Tabelle 1:   Süßstoffe besitzen eine enorm große Süßkraft und so gut wie keine Kalorien.

Zuckerstoffe, denn die Süßstoffe besitzen ähnliche Schlüsselstrukturen, die in das „Schloß" für süßen Geschmack hineinpassen. Das Problem ist, daß unser süßer Geschmack durch kleinste Veränderungen an den Molekülen in bitter, aber auch in sauer umschlagen kann. So ist die Suche der Fachleute nach geeigneten Süßstoffen nicht einfach. Der Süßstoff muß zwar den Schlüssel für die Süße registrierende Geschmackszelle besitzen, nicht aber die daran hängenden kalorienhaltigen, kariesverursachenden Kohlenhydrate. Von einigen Süßstoffen weiß man, daß sie einen bitteren Nachgeschmack erzeugen können. Die Industrie versucht, dem Problem des gegenüber Zucker nicht immer vergleichbaren Geschmacks durch Kombination verschiedener Süßstoffe zu begegnen. Offenbar langfristig bewährt hat sich eine Mischung von zehn Prozent Saccharin und 90 Prozent Cyclamat. Bei diesen Zusammenstellungen ist ein interessantes Phänomen zu beobachten: Die Süßkraft der Mischung kann

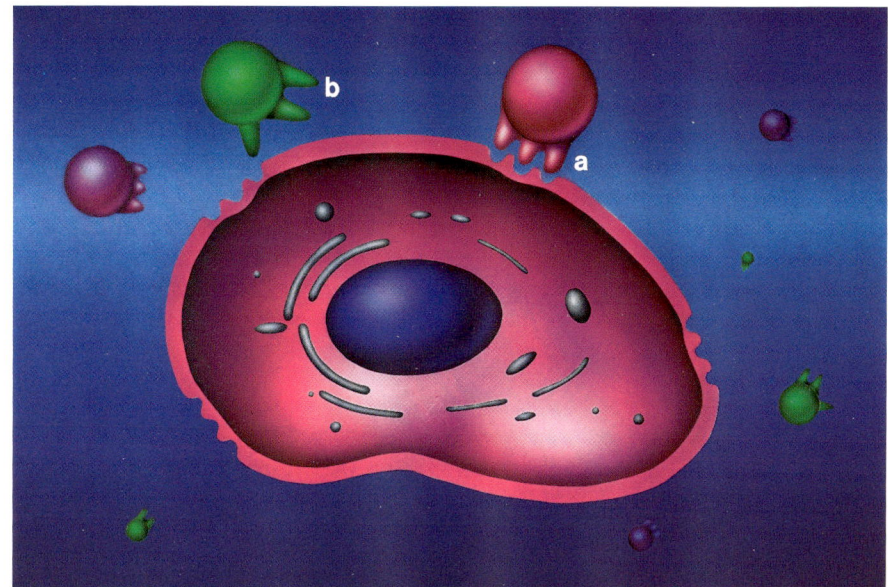

Abb. 4: Schematische Darstellung des Schlüssel-Schloß-Prinzips. Die Geschmackszelle in der Mitte kann nur durch Moleküle beeinflußt werden, wenn deren Rezeptoren passen (a paßt, b hingegen nicht).

häufig größer sein, als wenn mit der gleichen Menge der Einzelsubstanzen gesüßt würde. Man spricht dann von einer synergistischen Wirkung, was mit „positives Zusammenwirken" übersetzt werden könnte.
Manche Süßstoffe eignen sich für bestimmte Lebensmittel mehr, für andere weniger. Natürlich ist auch das eine Frage des persönlichen Geschmacks. Im Kaffee können Süßstoffe anders schmecken als in der Cola, und – das weiß man aus Erfahrung – im Orangensaft können sie sogar den Fruchtge-

schmack verstärken, während sie in Desserts, zum Beispiel in Puddings, weniger Einfluß nehmen.

Die handelsüblichen Süßstoffe werden als Tabletten, als pulverförmige Streusüße und in flüssiger Form angeboten. Da meist schon äußerst geringe Mengen zum Süßen genügen, sind sie häufig verdünnt, um sie leichter dosierbar zu machen.
Süßstoffe werden in der Presse immer wieder wegen vermeintlicher Nebenwirkungen angegriffen. Dabei geht es um eine ganze Liste von Vorwürfen.

So sagt man den Süßstoffen nach, daß sie den Appetit fördern, weil sie angeblich eine Insulinausschüttung herbeiführen sollen. Diese Behauptung ist jedoch wissenschaftlich widerlegt; man hat ermittelt, daß keiner der Süßstoffe eine stimulierende Wirkung auf den Insulin- oder Blutzuckerspiegel hat.

Unter anderem wird auch behauptet, daß Süßstoffe Durchfall verursachen. Hier liegt eine Verwechslung mit den Zuckeraustauschstoffen vor, die tatsächlich eine abführende Wirkung haben (siehe *Seite 18*).

Der ADI-Wert und seine Bedeutung

Der ADI-Wert ist eine internationale Bezeichnung für die gesundheitlich unbedenkliche tägliche Aufnahmemenge von Zusatzstoffen. Die allgemein anerkannten Werte werden von der Weltgesundheitsorganisation (WHO), in der Wissenschaftler aller Länder mitwirken, herausgegeben. Es gibt aber auch zusätzliche ADI-Werte, zum Beispiel von der Europäischen Kommission in Brüssel, die sich nicht immer mit den von der WHO veröffentlichten Werten decken.
Der ADI-Wert (**a**cceptable **d**aily **i**ntake) beschreibt den nach Meinung der Fachleute sicher vertretbaren Einnahmewert einer bestimmten Substanz, und zwar bei täglicher Einnahme ein ganzes Leben lang. Der veröffentlichte Wert ist

wesentlich geringer als die ermittelte unbedenkliche Dosis; mit einem hohen Sicherheitsfaktor, der meist bei 100 liegt, versucht man, zu große Aufnahmemengen von Zusatzstoffen zu vermeiden.

Die ADI-Werte werden immer wieder aktualisiert. Wenn sich eine Substanz nach Jahren doch als problematischer erweist, als man geglaubt hatte, wird der ADI-Wert herabgesetzt. Im umgekehrten Falle wird der ADI-Wert erhöht, so wie es bei den Süßstoffen geschehen ist.
Derzeit gibt es in Deutschland vier handelsübliche Süßstoffe: Saccharin, Cyclamat, Aspartam und Acesulfam.
Am 4. Juli 1997 hat der Bundesrat die „Verordnung zur Neuordnung lebensmittelrechtlicher Vorschriften" verabschiedet. Damit werden zehn europäische Richtlinien in deutsches Recht umgesetzt. Das betrifft unter anderem Süß-, Zuckeraustausch-, Farb- und Konservierungsstoffe sowie andere Zusatzstoffe. Mit dieser Verordnung haben zwei weitere Süßstoffe die europaweite Zulassung erhalten: Thaumatin und Neohesperidin (siehe *Seite 26 f.*).

Saccharin

– Saccharin ist je nach Konzentration etwa 300- bis 500mal süßer als Zucker. Der höhere Wert gilt – wie bei allen Süßstoffen – eher für schwache Konzentrationen, der niedrige für hohe.
– In höheren Konzentrationen hat es einen leicht bitteren Nachgeschmack. Die Süße ist etwas hart. Deshalb gibt

es handelsüblich kein reines Saccharin, sondern nur Kombinationen, meist mit Cyclamat oder Sorbit. Durch diese Mischung wird der Süßgeschmack angenehmer. Die Süße wirkt bei Saccharin etwas länger nach als bei Zucker. Die meisten Süßstoffe, die man im Supermarkt kauft, sind Kombinationen aus Saccharin und Cyclamat.
– Saccharin ist koch- und weitgehend backfest. Nur bei sehr hoch erhitzten Plätzchen kann sich die Süßkraft etwas abschwächen.
– Saccharin ist für Diabetiker geeignet. Es ist kalorienfrei und zahnschonend.
– Der ADI-Wert wurde erhöht und liegt seit 1995 bei fünf Milligramm pro Gramm Körpergewicht.

Saccharin hat die größte Anwendungsbreite aller Süßstoffe und wird neben der Verwendung als Tafelsüße und Süßungsmittel im Haushalt in fast allen kalorienreduzierten Nahrungs- und Genußmitteln eingesetzt. Dazu gehören Getränke, Speiseeis, Milchprodukte, Konfitüren, Bonbons, Pralinenüberzugsmassen, Schokolade und Kaugummis. Es wird aber auch in Mundwässern und in Zahnpasten verwendet.

Cyclamat

– Cyclamat ist ca. 40mal süßer als Zucker und somit unter den Süßstoffen derjenige mit der geringsten Süßkraft.

– Die Süße ist etwas hart und wirkt länger nach als die des Zuckers. Der Nachgeschmack von Cyclamat ist aber weniger bitter als der von Saccharin. Er verschwindet gänzlich in Kombination mit Saccharin oder Acesulfam.
– Cyclamat ist koch- und backfest.
– Es ist für Diabetiker geeignet, kalorienfrei und zahnschonend.
– Cyclamat ist im Handel nur in Kombination mit anderen Süßstoffen erhältlich. Die am häufigsten verwendeten Produkte enthalten zehn Prozent Saccharin und 90 Prozent Cyclamat. Dies sind zugleich auch die preiswertesten.
– Der ADI-Wert liegt bei elf Milligramm pro Gramm Körpergewicht.
Immer wieder taucht in Veröffentlichungen die Behauptung auf, Cyclamat oder Süßstoffe generell seien krebserregend. Dies bezieht sich auf eine Studie zu Ende der sechziger Jahre, die zu dem Ergebnis kam, daß Cyclamat bei Ratten Blasenkrebs auslösen kann.

Dieser Untersuchung wurden jedoch schwerwiegende wissenschaftliche Mängel nachgewiesen, außerdem basierten die Ergebnisse auf der Fütterung einer unsinnig hohen Dosis. Auf das Körpergewicht umgerechnet hätte ein Mensch – um eine vergleichbare Menge wie die Versuchstiere aufzunehmen – täglich 4000 bis 5000 Cyclamat-Tabletten essen müssen. Diese Menge würde etwa einem Zuckervergleichswert von 20 Kilogramm am Tag entsprechen.

In weiteren Forschungen kam man zu dem Ergebnis, daß kein Krebsverdacht gegen Süßstoffe besteht. Dazu hat das Heidelberger Krebsforschungszentrum eine ganze Reihe von Untersuchungen durchgeführt. Das Verbot für Cyclamat ist nur in ganz wenigen Ländern bestehen geblieben, in allen anderen Ländern ist der Süßstoff wieder zugelassen. Die amerikanische Lebensmittel- und Arzneimittelbehörde, die Food and Drug Administration (FDA), hat offiziell erklärt, daß alle Verdachtsmomente gegen Cyclamat widerlegt sind.

Aspartam

Aspartam gehört zu den natürlichsten Süßstoffen. Es besteht aus Aminosäuren, den Grundbausteinen des Eiweißes, und zwar aus einer Kombination von Asparaginsäure und Phenylalanin. Diese lebensnotwendigen (essentiellen) Aminosäuren kommen in fast allen eiweißhaltigen Nahrungsmitteln vor, zum Beispiel in Fleisch, in Milchprodukten, Getreide oder Gemüse. Deshalb kann Aspartam vom Organismus verdaut werden, es wird dabei wieder in die Aminosäuren sowie in eine unbedenklich geringe Menge Methanol zerlegt.

Aspartam ist auch für Kinder geeignet, allerdings wegen der möglichen Erbkrankheit Phenylketonurie (PKU), die etwa bei einem von 10 000 Säuglingen auftritt, erst ab dem zweiten Lebensjahr. Bis dahin kann man bei einem gesunden Kind

diese Krankheit mit Sicherheit ausschließen. Wer an PKU leidet, muß sich sehr eingeschränkt ernähren und darf zum Beispiel keine Getreidesorten wie Weizen, Roggen, Hafer oder Gerste essen, kein Fleisch und keine Kuhmilch, denn alle diese Nahrungsmittel enthalten die Aminosäure Phenylalanin.

– Aspartam ist etwa 200mal süßer als Zucker. Die Süße ist nicht so hart wie bei Saccharin und Cyclamat. Sie wird als relativ angenehme, volle Süße empfunden und hält länger an als Zucker.
– Aspartam ist für Diabetiker geeignet. Da es verdaut wird, kann man es nur als kalorienarmen Süßstoff bezeichnen, allerdings ist die freigesetzte Kalorienzahl so gering, daß man sie vernachlässigen kann.
– Da Aspartam aus Eiweißstoffen besteht, ist es nicht hitzebeständig. Die Süßkraft kann bei Produkten, die bei der Zubereitung starker Hitze ausgesetzt sind, erheblich abnehmen. Außerdem kann Aspartam durch Enzyme und Säuren, die in den Lebensmitteln vorkommen, mit der Zeit abgebaut werden, was ebenfalls mit einer Abnahme der Süßkraft verbunden ist.
– Der ADI-Wert liegt mit 40 Milligramm pro Kilogramm Körpergewicht sehr hoch.

Apropos Aspartam

Aspartam muß die Aufschrift: „enthält Phenylalanin" tragen. Dieser Hinweis ist nur wichtig für die erwähnte kleine

Gruppe von Menschen, die unter der angeborenen erblichen Krankheit Phenylketonurie (PKU) leiden. Es ist eine seltene Stoffwechselkrankheit, die verhindert, daß der Körper den normalerweise lebenswichtigen Eiweißbaustein Phenylalanin abbauen und verwerten kann. Die an PKU erkrankten Menschen dürfen wie *links* beschrieben viele natürliche Lebensmittel, zum Beispiel Milch und Fleisch, ebenfalls nicht essen.

Für Behauptungen, daß der Verzehr von Aspartam Nervenschäden, Kopfschmerzen oder Depressionen hervorruft, gibt es keinerlei Anhaltspunkte.
Entsprechende Versuche haben belegt, daß der Gehalt von Aminosäuren im Körper nach der Aufnahme von Aspartam nicht mehr ansteigt als nach dem Verzehr einer normalen Mahlzeit. Immer wieder stößt man in der Presse auf Berichte, in denen Aspartam als Ursache für Hirntumore eingestuft wird. Die Berichte basieren auf einer Veröffentlichung des amerikanischen Mediziners Dr. Olney. Olney hatte in einer statistischen Auswertung die Entwicklung der Hirntumorraten in den USA untersucht. Hierbei stellte er fest, daß Anfang der 70er Jahre bei 3,58 von 100 000 Einwohnern eine Hirntumordiagnose gestellt wurde. Dem stellte Olney eine im Jahre 1991 auf 5,87 Erkrankungen pro 100 000 Einwohner erhöhte Rate gegenüber. Olney vermutete nun einen Zusammenhang

zwischen dem auffälligen Anstieg der Hirntumorraten 1985 mit der Markteinführung von Aspartam seit dem Jahre 1982.

Doch seine Theorie weist unserer Meinung nach einige Lücken und Fehler auf: So berücksichtigte er nicht, daß diese Entwicklung nicht gleichmäßig, sondern stark schwankend verlief. Die Hirntumorrate sank nämlich 1984 wieder, stieg 1985 dann erneut etwas über das alte Niveau an, und schon Ende der achtziger Jahre ließ sich erkennen, daß die Anstiegskurve abflachte. Ebenso vernachlässigte er bei seinen Überlegungen, ob die betroffenen Personen überhaupt jemals Aspartam konsumiert hatten. Und noch einen weiteren, wichtigen Punkt ließ er unbeachtet: Hirntumore treten in der Altersgruppe der über 65jährigen wesentlich häufiger als bei jüngeren Menschen auf. Bei über 85jährigen nehmen Hirntumore sogar um 500 Prozent zu.

Deshalb führen Fachleute den Anstieg der Hirntumorrate zum einen auf die gestiegene Lebenserwartung, zum anderen aber auf die wesentlich verbesserten Diagnosemöglichkeiten zurück. Aus Studien der Food and Drug Administration (FDA), der US-Behörde für Lebensmittelüberwachung, ergibt sich außerdem, daß Männer häufiger erkranken als Frauen. Interessant ist in diesem Zusammenhang besonders, daß laut Studien über das Kauf- und Konsumverhalten aber die Gruppe der Frauen jüngeren und mittleren Alters die meisten Aspar-

tamkonsumenten stellt. Die FDA hat bereits im November 1996 in einem „Talk Paper" bestätigt, daß Aspartam bedenkenlos verzehrt werden kann und nicht krebserregend ist, ebenso wie viele andere Wissenschaftler, die den Behauptungen Olneys ganz klar widersprechen.

Die amtliche Statistik (SEER) gibt außerdem Auskunft darüber, daß ein prozentual höherer Anstieg der Hirntumorraten zu einem Zeitpunkt verzeichnet wurde, als Aspartam noch gar nicht auf dem Markt war. Auch die Deutsche Gesellschaft für Ernährung (DGE) und das Bundesinstitut für gesundheitlichen Verbraucherschutz in Berlin schließen sich der Meinung der FDA an und weisen auf die statistischen Daten des nationalen Krebsinstitutes (NCI) hin, die den Behauptungen Olneys widersprechen. Lassen Sie sich also hier nicht ins Bockshorn jagen. Der Verzehr von Aspartam ist unserer Ansicht nach völlig bedenkenlos.

Acesulfam
– Acesulfam ist etwa 130- bis 200mal süßer als Zucker.
– In höheren Konzentrationen hat es einen bitteren Nachgeschmack; die Süße ist ähnlich wie beim Saccharin etwas hart. Empfehlenswert ist daher die Kombination mit Cyclamat oder Aspartam bzw. Zuckeraustauschstoffen.

– Acesulfam ist koch- und backfest. Es zerfällt auch nach jahrelanger Lagerung nicht.
– Acesulfam ist für Diabetiker geeignet, kalorienfrei und zahnschonend. Es wird im menschlichen Körper nicht umgewandelt, sondern durch die Nieren unverändert wieder ausgeschieden.
– Der ADI-Wert liegt bei 15 Milligramm pro Kilogramm Körpergewicht, das sind 1,05 Gramm für einen 70 Kilogramm schweren Menschen.

Durch die EU-Süßungsmittel-Richtlinie, die jetzt auch in Deutschland Gültigkeit bekommen hat (siehe *Seite 24*), haben zwei weitere Süßstoffe ihre Zulassung für ganz Europa erhalten. In Deutschland sind sie bisher jedoch noch nicht im Handel erhältlich.

Thaumatin
Thaumatin wird aus der westafrikanischen Katemfrucht (*Thaumatococcus danielii*) gewonnen. Es ist ein praktisch kalorienfreier Protein-Süßstoff mit einer Süßkraft, die 2000- bis 3000mal stärker ist als die von Zucker. Dieser Süßstoff ist ein Geschmacks- bzw. Aromaverstärker, der mit Saccharin und Acesulfam synergistisch wirkt. Thaumatin ist völlig natürlich und intensiv süß, geeignet für Diabetiker und stabil in Wasser, das heißt es kann als Süßungsmittel für Getränke eingesetzt werden, die längere Zeit gelagert werden sollen. Da Thaumatin aus Eiweißsubstanzen

besteht, ist es nicht koch- und backfest. Thaumatin hat einen lakritzähnlichen Nachgeschmack.

Es wird als so unbedenklich angesehen, daß es keinen ADI-Wert nötig hat. Durch seine extrem hohe Süßkraft ist es nicht möglich, größere Mengen davon aufzunehmen. Trotzdem ist Thaumatin bei uns bereits in die Schlagzeilen geraten, weil es nicht mehr aus der natürlichen Pflanze gewonnen wird, sondern durch gentechnisch veränderte Mikroorganismen produziert werden soll. Den Menschen in Westafrika ist zu wünschen, daß trotzdem weiterhin natürliches Thaumatin gefragt bleibt und ihren Lebensunterhalt sichert.

Neohesperidin

Neohesperidin (NHDHC) wird aus Bitterorangen gewonnen und ist 1000mal süßer als Zucker. Es hat einen intensiven Eigengeschmack. Der ADI-Wert liegt bei fünf Milligramm pro Kilogramm Körpergewicht.

Kakao und Schokolade

Als Christoph Columbus (1451–1506) auf seiner vierten Seereise auf der Suche nach Westindien an der mittelamerikanischen Küste landete, sah er als erster Europäer Kakaobohnen. Aber er schenkte dieser Luxusspeise der aztekischen Herrscher keine Beachtung. Erst im Jahre 1519, als der spanische Eroberer Cortez die Azteken besiegt hatte, wurden dessen Gefolgsleute auf den Kakao aufmerksam.

Bei den Azteken erfreute sich der Kakao bereits seit dem 12. Jahrhundert, nachdem sie ihn von den unterworfenen Tolteken übernommen hatten, besonderer Wertschätzung. Die spätere Bezeichnung Kakao leitete sich von dem aztekischen Wort „Cacahuatl" ab, was soviel wie Kakaokerne bedeutet. Das Wort Schokolade stammt von dem aztekischen Begriff „Xocolatl". „Xococ" heißt ungefähr sauer, herb, würzig; das Wort „Atl" steht für Wasser. Nach dieser Übersetzung wissen wir nun auch schon, in welcher Form man im Aztekenreich den

Abb. 1:   Der Niederländer Olfert Dapper stellte in seiner Ländermonographie „Die unbekannte Neue Welt" Azteken bei der Zubereitung des „Xocolatl" dar.

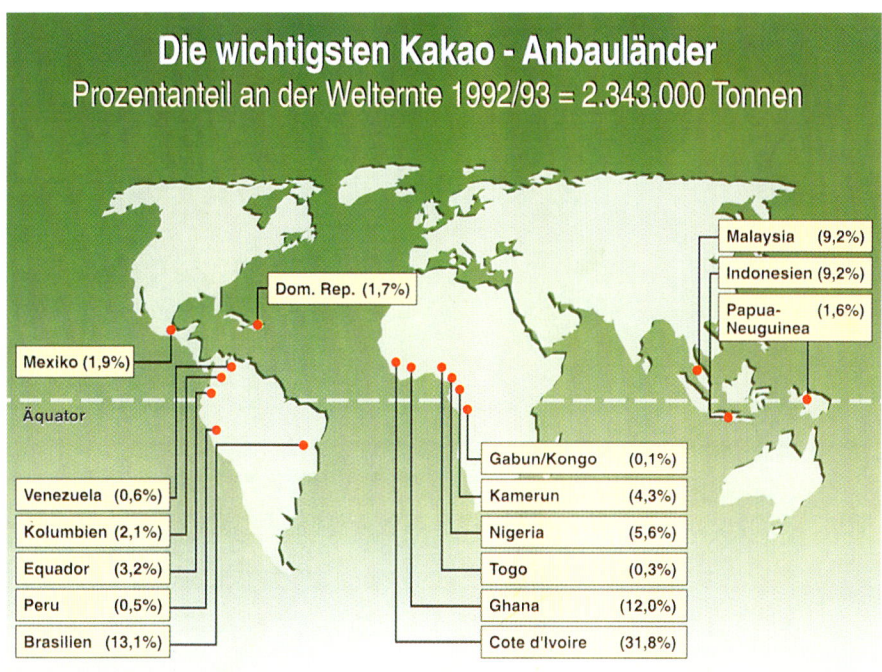

Die wichtigsten Kakao - Anbauländer
Prozentanteil an der Welternte 1992/93 = 2.343.000 Tonnen

Dom. Rep. (1,7%)

Malaysia (9,2%)

Indonesien (9,2%)

Papua-Neuguinea (1,6%)

Mexiko (1,9%)

Äquator

Venezuela	(0,6%)
Kolumbien	(2,1%)
Equador	(3,2%)
Peru	(0,5%)
Brasilien	(13,1%)

Gabun/Kongo	(0,1%)
Kamerun	(4,3%)
Nigeria	(5,6%)
Togo	(0,3%)
Ghana	(12,0%)
Cote d'Ivoire	(31,8%)

Abb. 2: Die besten Anbaugebiete für Kakao liegen rund um den Äquator.

Abb. 3: Die Blüten wachsen direkt am Stamm des Kakaobaumes. Botaniker nennen dieses Phänomen Cauliflorie.

Kakao genoß, nämlich als Getränk mit Wasser. Man trocknete zunächst die Kakaobohnen in der Sonne, röstete sie dann über dem Feuer und zerrieb sie anschließend mit einem Mahlstein. Dieses Pulver wurde mit Wasser schaumig gerührt, und man gab Maismehl, Honig und Vanille hinzu – das klingt doch wirklich lecker.

Beim Kochen des Getränkes sammelte sich an der Oberfläche das in den braunen Bohnen reichlich enthaltene Fett an. Dieses Fett wurde teilweise abgeschöpft, um das Getränk genießbar zu machen. Da dieser Kakao sehr gehaltvoll an Nährstoffen war, galt er als ausgezeichnetes Stärkungsmittel. Man glaubte, daß diese Wirkung auch ganz besonders der Manneskraft zugute käme. Ob Montezuma, der letzte König der Azteken, aus diesem Grunde täglich 50 Becher des kräftigenden Getränkes leerte, ist nicht überliefert. Allerdings konnte sich der Durchschnitts-Azteke diese aphrodisische Trinkschokolade niemals leisten, denn die Kakaobohnen waren so wertvoll, daß sie als offizielles Zahlungsmittel galten (für 100 Kakaobohnen bekam man einen Sklaven) und auch für die Brautwerbung benötigt wurden. 1528 brachte Cortez die ersten der wertvollen Bohnen nach Europa. Aber dort war man dem bitterherben Geschmack gar nicht zugetan. Erst die Idee, das Kakaogetränk mit Rohrzucker zu süßen, verhalf ihm auch hier zum Siegeszug. Anfangs war der Kakao allerdings noch so rar, daß er auch in Europa nur von gekrönten Häuptern und sehr reichen Leuten gekostet werden konnte.

Was ist Kakao?

Die besten Anbaugebiete für Kakao liegen rund um den Äquator. Den größten Teil der Welternte liefert Afrika, gefolgt von Südamerika, Asien und Ozeanien, Mittelamerika und Westindien. Geerntet wird der Kakao in Pflanzungen, die im Schatten von tropischen

Abb. 5:   Bevor die Kakaobohnen auf Seereise gehen, werden sie getrocknet und geröstet.

Abb. 4:   Die zunächst grünen Kakaofrüchte reifen nach vier bis acht Wochen heran und haben dann eine gelbe bis rotbraune Farbe. Fest im Fruchtfleisch eingebettet enthalten sie 25 bis 30 Samen – die Kakaobohnen.

Regenwäldern gedeihen. Der Kakaobaum mit seiner ausladenden Krone kann bis zu 15 Meter hoch werden. In den Plantagen wird er allerdings auf die Hälfte gestutzt, um die Ernte der Früchte zu erleichtern. Die Bäume blühen fast das ganze Jahr über. Ein einziger Baum trägt während dieser Zeit etwa 50 000 bis 100 000 Blüten. Die zunächst grünen Kakaofrüchte reifen nach vier bis acht Wochen heran und haben dann eine gelbe bis rotbraune Farbe. Sie enthalten 25 bis 30 helle Samen, die Kakaobohnen, die fest im Fruchtfleisch eingebettet sind.

Aus der rohen Bohne wird ein Genußmittel

Die reifen Kakaofrüchte werden mit Buschmessern aufgeschlagen, so daß die in fünf Längsreihen angeordneten Samen aus der Schale gelöst werden können. Die Kakaobohnen sind noch von weißem Fruchtfleisch, der Pulpa, umhüllt. Etwa eine Woche werden die frisch geernteten Kakaobohnen der Gärung ausgesetzt. Dabei leiten die im Fruchtfleisch enthaltenen Enzyme in der tropischen Hitze den biochemischen Gärungsprozeß ein. Die Kohlenhydrate des Fruchtfleisches, zum Beispiel Fruchtzucker, werden durch Hefebakterien zunächst zu Alkohol vergoren, der wiederum unverzüglich zu Essigsäure oxidiert.

Dabei wird das Fruchtfleisch zersetzt und verflüssigt sich, übrig bleiben die Kakaobohnen. Ihre Keimfähigkeit verlieren sie, da beim Gärungsprozeß Temperaturen von über 50 °C entstehen. Auch die Zellwände der Kakaobohnen werden angegriffen, so daß der durch den oben beschriebenen Prozeß entstandene braune Saft die ganze Bohne durchziehen kann. Nach abgeschlossener Fermentation hat sich sowohl ihre Farbe verändert als auch ihr bitter-herber Geschmack, der etwas schwächer und milder geworden ist. Dieser Umwandlungsprozeß dauert zwei bis sieben Tage. Danach werden die Bohnen getrocknet und geröstet, bevor sie auf die Seereise gehen. Seit der Kolonialzeit ist der Kakaoanbau in der Hand großer internationaler Konzerne. Für die Erzeugerländer in der sogenannten „Dritten Welt" bleibt wie immer der kleinste Anteil am Erlös. Deshalb sind die Initiativen des „Fairen Handels" auch hier besonders wichtig. Der Verbraucher kann einen wichtigen Beitrag leisten, wenn er Kakaopulver und Schokolade aus „fairem Handel" kauft.

Abb. 6:   Erhitzte Kakaobutter fließt aus der Kakaopresse. Die Höhe des Kakaobuttergehaltes bestimmt die Qualität der Schokolade.

Die Inhaltsstoffe des Kakaos

Im natürlichen Zustand enthält die Kakaobohne ca. 54 Prozent Fett, die Kakaobutter. Außerdem besteht sie zu 11,5 Prozent aus Eiweiß, zu neun Prozent aus Cellulose, zu 7,5 Prozent aus Stärke, zu sechs Prozent aus Gerbstoffen, zu fünf Prozent aus Wasser, zu 2,6 Prozent aus Mineralstoffen, aus Betacarotin, den Vitaminen B_1 und B_2 sowie zu 1,2 Prozent aus Thebromin, zu einem Prozent aus Zuckerarten und zu 0,2 Prozent aus Koffein. Die restlichen zwei Prozent sind organische Säuren und Geschmacksstoffe. Zum Vergleich: Kaffeebohnen enthalten bis zu 1,5 Prozent Koffein, schwarzer Tee bis zu fünf Prozent Tein (in Teeblättern enthaltenes Koffein).

Koffein ist ein schwach bitteres Alkaloid, das eine anregende und harntreibende Wirkung hat. Theobromin ist ein koffeinähnliches Alkaloid, das die anregende Wirkung von Kakao verursacht. Eine Tasse Kakaogetränk enthält ca. 0,1 Gramm Theobromin. Die Bezeichnung Theobromin entstand nach dem lateinischen Namen des Kakaos „Theobroma" (Speise der Götter). Alkaloide kommen in der Natur in vielfältiger Weise vor und sind hauptsächlich pflanzlichen Ursprungs. Es sind stickstoffhaltige Verbindungen mit intensiven, anregenden Wirkungen auf das menschliche Gehirn.

Vom Kakao zur Schokolade

Vor der Weiterverarbeitung muß der Kakao zunächst einmal gründlich gereinigt werden: In Reinigungsanlagen

Abb. 7: Kakaobutter ist ein sehr hochwertiges Fett, eigentlich der wertvollste Teil der Kakaobohne. Sie wird nicht nur zur Verfeinerung von Lebensmitteln eingesetzt, sondern auch in kosmetischen Produkten.

werden alle Fremdstoffe wie Staub, Fasern, Holz oder Steinchen entfernt. Dann müssen die Kakaobohnen geröstet werden. Beim Röstvorgang werden weitere Aromastoffe erschlossen und die Kakaobohnen erhalten ihre endgültige Farbe. Die gerösteten Bohnen kommen nun in die Brechanlage, wo sie in kleine Stücke zertrümmert werden, ein Luftstrom bläst die Schalenteilchen fort. Das Ergebnis, der sogenannte Kakaokernbruch, wird durch ein weiteres Zerkleinern zu Kakaomasse verarbeitet. Dies geschieht in Kakaomühlen bzw. Walzwerken. Bei der Zerkleinerung wird das Zellgewebe der vorgebrochenen Kakaokerne aufgerissen, die in den Zellen enthaltene Kakaobutter freigelegt. Durch die beim Mahlvorgang entstehende Reibungswärme schmilzt die Kakaobutter. Sie umhüllt die Zellbruchstücke und die freigelegten Stärke- und Eiweißteilchen und bildet so einen leuchtend-braunen, schon stark nach Schokolade duftenden Kakaobrei. Diese Kakaomasse wird zur Schokoladenherstellung verwendet. Wird der Kakaomasse das natürlich enthaltene Fett, die Kakaobutter, abgepreßt, erhält man den Kakaopreßkuchen. Durch einen Zerkleinerungsprozeß entsteht aus dem Preßkuchen Kakaopulver. Schwach entöltes Kakaopulver enthält zehn Prozent Fett in der Trockenmasse, fettarmes nur noch acht Prozent.

Zur Schokoladenherstellung darf der Kakaomasse das enthaltende Fett nicht abgepreßt werden; bei einigen Schokoladensorten wird sogar noch Kakaobutter hinzugefügt. Außerdem fehlen noch die Zutaten, die den typischen Geschmack einer Schokolade ausmachen. Dazu zählen Zucker, Milch- oder Sahnepulver (nicht bei allen Schokoladen), Würzstoffe, zum Beispiel Vanille oder Zimt, und andere Zutaten wie Mandeln, Nüsse oder Mokka. Der oben beschriebene Prozeß führte Mitte des 18. Jahrhunderts zu einem neuen Manufaktur- bzw. später Industriezweig. 1756 wurde in Steinhude die erste deutsche Schokoladenmanufaktur gegründet. In der Schweiz begann die industrielle Schokoladenproduktion Anfang des 19. Jahrhunderts. Dort wurde dann auch die Milchschokolade erfunden.
Kakaobutter ist ein sehr hochwertiges Fett, eigentlich der wertvollste Teil der

Kakaobohne. Sie ist nicht nur für die Verfeinerung von Nahrungsmitteln, sondern auch als Inhaltsstoff von kosmetischen und pharmazeutischen Produkten begehrt. Die Höhe des Kakaobuttergehaltes bestimmt die Qualität der Schokolade. Gute Schokoladen, die viel Fett enthalten, haben einen schönen Glanz und sind hart, das heißt sie knacken beim Brechen. Zarter Schmelz deutet auf ein ausgiebiges Feinwalzen der Kakaoteilchen hin.

Kakaobutter ist gleichzeitig auch der problematische Bestandteil der Schokolade, wenn es um die Lagerung und Weiterverarbeitung geht. Der Schmelzpunkt der Kakaobutter liegt bei 32 bis 34°C. Geschmolzene Kakaobutter, die abkühlt, bildet Kristalle. Dabei sind etwa sieben verschiedene Kristallarten und -größen möglich. Besonders leicht bilden sich die unerwünschten großen Makrokristalle. Sie machen die Schokolade sehr unansehnlich. Im Extremfall wird der sogenannte Fettreif deutlich als helle Flecken, Streifen oder gar wie ein leichter Schimmelüberzug auf der Oberfläche der Schokolade sichtbar. Um das zu verhindern, muß bei der Weiterverarbeitung fertiger Schokolade darauf geachtet werden, daß die Kakaobutter möglichst kleine Kristalle bildet. Dazu ist richtiges Temperieren unerläßlich (siehe *Seite 49*).

Abb. 8: In der „Kakaoverordnung" versteht man unter Schokolade ausschließlich die bitteren, dunklen Sorten, die nur aus Kakaomasse und Zucker bestehen. Fügt man aber Milch oder Sahne hinzu, so handelt es sich um Milch-, Vollmilch- oder auch Sahneschokolade.

Was sonst noch süße Sachen bereichert

Schokolade

Schokolade besteht aus zerkleinerten Kakaobohnen mit ihren natürlichen Inhaltsstoffen und Zucker. Hinzu kommen Lecithin als Emulgator sowie geschmacksgebende Aromen und weitere Zutaten, je nach Sorte zum Beispiel Milchpulver, Nüsse usw. Kakaobutter ist ein relativ teurer Rohstoff, deshalb enthält besonders preiswerte Schokolade weniger davon als teurere Sorten.

Kuvertüre

Kuvertüre besteht wie Schokolade aus Zucker, zerkleinerten Kakaobohnen und Lecithin, hat aber einen etwas höheren Gehalt an Kakaobutter. Deshalb wird sie beim Schmelzen in der Regel etwas dünnflüssiger. Außerdem sind die Kakaoteilchen in der Kuvertüre etwas gröber als in der Schokolade; auch das ist ein Grund dafür, daß die Kuvertüre sehr gerne zum Überziehen von Pralinen verwendet wird. Allerdings können Sie für den gleichen Zweck auch ganz normale Schokolade kaufen.

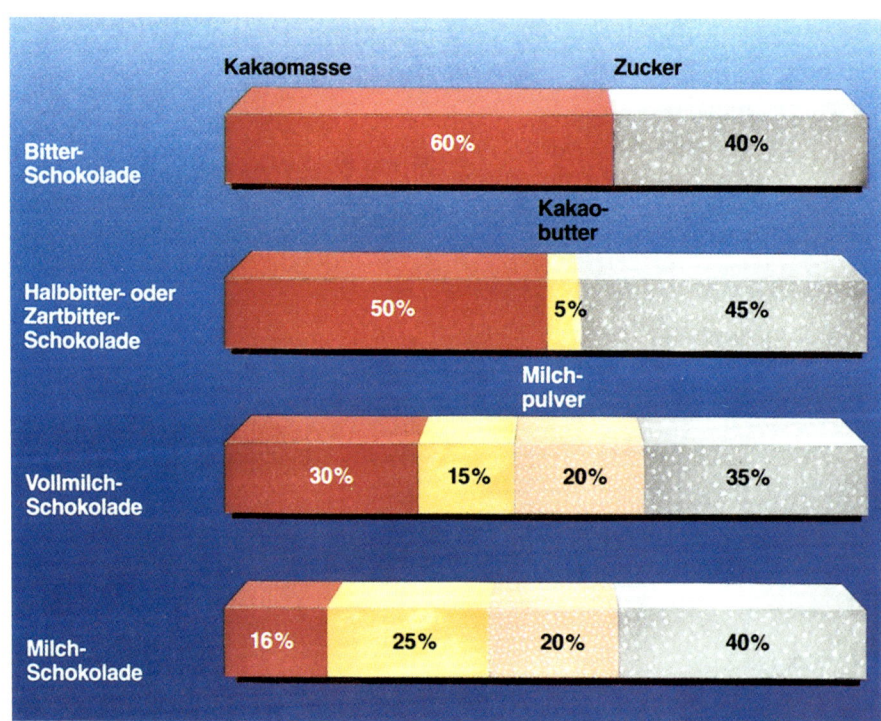

Abb. 1: Eine Übersicht über die Rohstoffanteile in den verschiedenen Schokoladensorten.

Eine ganz andere Art von Schokolade ist die Blockschokolade. Sie wird manchmal mit Kuvertüre verwechselt, ist aber als Überzugsmasse oder zur Pralinenherstellung denkbar schlecht geeignet. Durch ihren geringen Fettgehalt bleibt die Blockschokolade beim Erwärmen ziemlich breiig.

Diät-Schokolade

Diät-Schokolade enthält anstelle von Zucker die Zuckeraustauschstoffe Fruchtzucker, Sorbit, Xylit, Isomalt oder auch Mannit. Deshalb ist sie für Diabetiker geeignet, allerdings müssen Sie natürlich die entsprechenden Broteinheiten berücksichtigen. Auch aus dieser Schokolade lassen sich Trüffelmassen, Mandelsplitter und vieles mehr herstellen; sie ist ebenfalls als Überzug für Pralinen geeignet. Beim Schmelzen der Diät-Schokolade müssen Sie allerdings genau die Temperatur beachten: Sie darf keinesfalls wärmer als 35 bis 40 °C werden (siehe *Seite 48*).

Kokosfett

Kokosfett ist ein natürliches Fett aus der Kokosnuß, das von allen Pflanzenfetten – neben Palmkernfett – die meisten gesättigten Fettsäuren enthält. Neue Erkenntnisse aus der Ernährungswissenschaft besagen, daß es nicht nur das Ziel ist, den Anteil an ungesättigten Fettsäuren in unserer Nahrung möglichst hoch zu halten. Vielmehr wird empfohlen, daß je ein Drittel der täglich verzehrten Menge an Fett sowohl aus gesättigten wie auch aus einfach ungesättigten, zum Beispiel in Olivenöl, und mehrfach ungesättigten Fettsäuren,

Abb. 2:   Verwechseln Sie nicht die Kokosfettglasur (hier rund) mit der Kuvertüre (hier rechteckig).

zum Beispiel in Distel- oder Maiskeimöl, bestehen sollte.

Allerdings steht der Verzehr von zuviel gesättigten Fettsäuren im Zusammenhang mit einer größeren Häufigkeit von Herz-Kreislauf-Erkrankungen. Als Faustregel gilt, daß täglich nicht viel mehr als ein Gramm Fett pro Kilogramm Körpergewicht verzehrt werden sollten.

Nüsse, Kerne und Mandeln

Nüsse, Kerne und Mandeln gehören zur gesunden Ernährung. Sie enthalten viel Vitamin E, B_1, B_2 und B_6, aber auch die Mineralstoffe Kalium, Calcium, Magnesium und Phosphor sowie Spurenelemente. Sie sind reich an pflanzlichem Eiweiß und an Ballaststoffen. Einen Nachteil haben sie jedoch: Sie enthalten viel Fett (50 bis 60 Prozent) und entsprechend viele Kalorien (100 Gramm Nüsse enthalten im Durchschnitt etwa 600 kcal). Andererseits wirken sie aber auch sättigend, schmecken sehr gut

Abb. 3: Nüsse geben vielen Süßigkeiten den richtigen „Biß": Pistazien (links), Kokosnuß (oben), Haselnüsse (Mitte), Mandeln (rechts).

Ein paar Beispiele für Ballaststoffanteile:

Nahrungsmittel	Ballaststoffgehalt pro 100 g
Cashew-Nuß	3 g
Erdnuß	7 g
Haselnuß	7,4 g
Kokosraspeln	24 g
Kürbiskerne	6,7 g
Mandeln	10 g
Paranuß	6,7 g
Pistazien	6,5 g
Sonnenblumenkerne	6,3 g
Walnuß	4,6 g

Samen

Hier sind zwei Sorten besonders zu empfehlen: Sesamsamen und Mohnsamen, die aus gutem Grund traditionell gerne zum Backen verwendet werden. Mohn hat einen sehr hohen Ballaststoffgehalt von immerhin 20 Prozent. Sein Kaloriengehalt ist dagegen nicht so hoch (100 Gramm haben 482 kcal). Sesamsamen bringen es immerhin auch noch auf stolze 11,9 Prozent Ballaststoffe (100 Gramm haben 570 kcal). Wenn Sie zusätzlich etwas für Ihre Verdauung tun möchten, können Sie in Ihre Müsliriegel (siehe *Seite 68*) zusätzlich noch Leinsamen und/oder Flohsamen hineingeben. Diese beiden haben ein starkes Quellvermögen. Im Hobbythekbuch „Darm und Po" haben wir sie ausführlich beschrieben.

und geben vielen Süßigkeiten den richtigen „Biß". Bewahren Sie Nüsse am besten in einem verschlossenen Behälter auf, damit sie länger knackig bleiben. Zur Verwendung in Süßigkeiten schmecken alle Nüsse und Kerne aromatischer, wenn sie vorher trocken angeröstet werden. Dafür können Sie sie entweder auf einem Backblech fünf bis zehn Minuten bei etwa 200 °C erhitzen oder kleinere Mengen einfach unter Rühren ohne Fett in einer Bratpfanne rösten.

Nüsse können unter bestimmten Lagerbedingungen schnell ranzig werden oder sogar schimmeln. Alles, was nicht mehr frisch schmeckt, sollten Sie umgehend wegwerfen. Hier gilt wie bei allen anderen Nahrungsmitteln, je frischer desto besser.

relativ hart. Deshalb beläßt man in den meisten handelsüblichen Trockenfrüchten noch etwas Feuchtigkeit und schwefelt die Früchte zusätzlich. Die geschwefelten Früchte erkennen Sie an den frischen Farben. Es gibt aber viele Menschen, die geschwefelte Lebensmittel nicht vertragen. Seien Sie in diesem Fall beim Einkauf aufmerksam.

Kandierte Früchte sehen zwar gut aus, enthalten aber große Mengen normalen Zucker. Deshalb sollte man sie nur in kleinen Mengen als Dekoration einsetzen.

Sahne und Butter

Butter und Sahne gehören in viele Süßigkeiten und geben ihnen den guten Geschmack. Wir haben in allen Rezepten versucht, ihren Anteil möglichst gering zu halten, es ist aber nicht möglich, ganz auf sie zu verzichten. Wer unter bestimmten Nahrungsmittelallergien leidet, kann anstelle von Butter natürlich auch ein anderes Fett, zum Beispiel Kokosfett (siehe *Seite 35*), verwenden. Mit einigen Ballaststoffen wie Inulin 90 HT, Konjac-Konzentrat oder Gummar HT und in Kombination mit entsprechenden Aromen bzw. Frusip's kann

Abb. 4: Samen erhöhen den Ballaststoffgehalt auf schmackhafte Weise. Sie dienen vor allem der Verzierung: Sesam (oben), Sonnenblumenkerne (links), Kürbiskerne (rechts).

Trockenfrüchte

Trocknen ist eine uralte Methode des Haltbarmachens von Nahrungsmitteln. Wirklich durchgetrocknete Früchte brauchen keine weitere Konservierung, weil durch den Wasserentzug der Zuckergehalt entsprechend hoch ist. Allerdings werden diese Früchte ziemlich dunkel in der Farbe und auch

Abb. 5: Für die Konfektherstellung nehmen wir nur getrocknete oder kandierte Früchte von bester Qualität.

man ein annähernd sahniges, volles Geschmackserlebnis erzeugen.

Rohstoffe der Hobbythek

Mit Frusip's aromatisieren wie die Profis

Frusip's (Fruchtsirup) sind eine Erfindung der Hobbythek. Es handelt sich dabei um Sirupkonzentrate, die in einem Mischungsverhältnis von 1:40 oder 1:20 fruchtige Getränke ergeben. Frusip's sind mittlerweile in über 40 Sorten erhältlich. Ursprünglich haben wir die Frusip's als Grundlage für gesunde zuckerfreie bzw. zuckerarme Getränke konzipiert. Sehr schnell haben wir dann aber festgestellt, daß sie sich aufgrund ihrer hohen Konzentration und Reinheit auch ideal zum Aromatisieren von Speisen, Saucen, Backwerk und Süßigkeiten eignen. Durch die Verwendung von Frusip's eröffnen sich bei der Herstellung von selbstgemachten Süßigkeiten ungeahnte Möglichkeiten. Wir haben diese zweite „Produktlinie" immer weiter ausgebaut, so daß es inzwischen auch Frusip's in den Geschmacksrichtungen Vanille, Schokolade, Marzipan und Nougat sowie Cappuccino, Kokosnuß, Karamel und Walnuß gibt.

Die Frusip's bestehen zunächst aus Fruchtsaftkonzentrat, d.h. aus hochkonzentriertem Fruchtsaft, der im Vakuum

	Dosie-rung	TL/200 ml Fertig-getränk	BE in 200 ml Fertig-getränk	BE in 5 ml Frusip's	kcal in 200 ml Fertig-getränk	kcal in 5 ml Frusip's
Ananas	1:20	3	0,60	0,30	32	16
Apfel	1:40	1,5	0,26	0,26	14	14
Apfel-Zimt	1:20	3	0,53	0,27	30	15
Apfel-Cranberry	1:20	3	0,58	0,29	28	14
Aprikose	1:20	3	0,56	0,28	31	16
Aronia	1:20	3	0,63	0,32	33	17
Bitter Lemon	1:40	1,5	0,30	0,30	16	16
Blutorange	1:20	3	0,60	0,30	31	16
Cappuccino	1:40	1,5	0,28	0,28	14	14
Cassis	1:40	1	0,34	0,34	11	16
Cola	1:40	1,5	0,30	0,30	16	16
Erdbeere	1:40	2	0,28	0,28	21	16
Ginger Ale	1:40	1,5	0,30	0,30	16	16
Guanabana	1:20	2,5	0,61	0,31	27	16
Guarana	1:40	1,5	0,30	0,30	16	16
Himbeere	1:40	1	0,21	0,21	7	10
Kindercola	1:40	1,5	0,29	0,29	15	15
Kirsche	1:40	1,5	0,19	0,19	14	14
Mandarine	1:40	1,5	0,29	0,29	16	16
Maracuja	1:20	3	1,10	0,55	32	16
Marzipan	1:20	3	0,62	0,31	30	15
Minze	1:40	1,5	0,32	0,32	16	16
Multivitamin	1:20	3	0,60	0,30	30	15
Nougat	1:20	3	0,55	0,27	27	13
Orange	1:40	1,5	0,29	0,29	16	16
Pfirsich	1:20	3	0,59	0,30	32	16
Pink Grapefruit	1:40	1,5	0,30	0,30	16	16
Rote Traube	1:20	3	0,63	0,32	32	16
Schokolade	1:20	3	0,61	0,31	33	16
Vanille	1:20	3	0,63	0,32	31	16
Zitrone/Limette	1:40	1,5	0,28	0,28	16	16

Tabelle 1: Broteinheiten und Kilokalorien in einzelnen Frusip's und in Fertiggetränken mit Frusip's ($1\frac{1}{2}$ TL = 5 ml).

Abb. 6:   Frusip's eignen sich auch ideal zum Aromatisieren von Speisen, Saucen, Backwerk und Süßigkeiten.

bei 60 °C eingedampft wird. Um ohne Konservierungsstoffe eine Haltbarkeit von mindestens einem Jahr zu erreichen, werden noch einige Prozente Fruchtzucker hinzugegeben. Weiter sind Fruchtsäuren enthalten, die den Geschmack von Früchten entscheidend mitprägen. Normalerweise wird in Fertiggetränken die billigere Zitronensäure verwendet, viel besser verdaulich ist jedoch die Äpfelsäure. Deshalb wird sie – trotz ihres höheren Preises – in den Frusip's eingesetzt. Zum Schluß, quasi als Sahnehäubchen, kommen noch Aromen hinzu, selbstverständlich nur natürliche.

Süßungsmittel

Apfelsüße HT
Die hellgelbe sirupartige Apfelsüße HT wird ausschließlich aus entsafteten und getrockneten Äpfeln gewonnen. Sie enthält ca. 68 Prozent natürliche, apfeleigene Zuckerarten, davon etwa 40 Prozent Fructose, 24 Prozent Glucose und vier Prozent Sorbit. Der Rest ist überwiegend Wasser. Apfelsüße HT kann auch zum Kochen und Backen verwendet werden und hat eine ähnliche Süßkraft wie Zucker.

Fruchtsüße HT
Die helle sirupartige Fruchtsüße HT schmeckt sehr angenehm, neutral süß und enthält natürliche, in Früchten vorkommende Zuckerarten. Davon 50 Prozent Fructose (Fruchtzucker), 6,5 Pro-

zent Glucose und 3,5 Prozent Saccharose, der Rest ist hauptsächlich Flüssigkeit. Ein Teelöffel Fruchtsüße HT entspricht rechnerisch der Süßkraft von einem Teelöffel Zucker. Tatsächlich ist die Fruchtsüße durch ihren hohen Fruchtzuckergehalt aber erheblich süßer, so daß Sie weniger davon einsetzen können und dadurch noch Kalorien sparen.

Lightsüß HT

Lightsüß HT ist eine Süßstoffmischung, die die Hobbythek entwickelt hat. Lightsüß HT ist geschmacklich von Zucker nicht zu unterscheiden und deshalb eine gesunde Alternative bei übermäßigem Zuckerverzehr. Lightsüß HT eignet sich für kalte und heiße Getränke und zum Süßen vieler Nahrungsmittel. Es ist aber nicht koch- und backfest.

Eine Tablette entspricht der Süßkraft von fünf bis sechs Gramm Zucker, das ist etwa ein Teelöffel, obwohl die Summe beider Einzelsüßstoffe nur einer Süßkraft von vier Gramm entspricht. Diese Synergie hat die Hobbythek als erste entdeckt, heute ist sie von Forschern bestätigt. Diese Süßstoffkombination von ca. 70 Prozent Acesulfam und 30 Prozent Aspartam besitzt einen relativ hohen ADI-Wert. Genauer gesagt liegt er etwa fünf- bis sechsmal höher als der ADI-Wert einer sonst üblichen Süßstoffmischung von zehn Prozent Saccharin und 90 Prozent Cyclamat. Bei dieser Mischung dürfen Kinder mit einem Körpergewicht von 30 Kilogramm umgerechnet nur etwa acht bis zehn Tablet-

ten zu sich nehmen, während fast 40 bis 50 Tabletten Lightsüß erlaubt sind. Bei Erwachsenen entsprechend mehr. Das würde einem Zuckervergleichswert von über 400 Gramm entsprechen, aber so viel Süßes kann wohl kaum jemand essen.

Lightsüß HT-Tabletten enthalten als Trägerstoff einen geringen Anteil an Maltodextrin, deshalb gelten sie als Tafelsüße und haben keine offizielle Diabetikereignung.

Konfilight HT

Konfilight HT ist eine Mischung aus Cyclamat und Acesulfam (siehe *Seite 24* und *26*). Es wird in Pulverform angeboten, weil es in dieser Form lange haltbar ist. Konfilight HT eignet sich besonders zum Kochen und Backen, da Hitze diese beiden Süßstoffe nicht beeinflußt.
Ein Gramm Konfilight-Pulver entspricht ungefähr 100 Gramm Zucker, ein gestrichener Meßlöffel (2,5 Milliliter) enthält ca. zwei Gramm Konfilight.
Sie können aus diesem Pulver auch einen Flüssigsüßstoff herstellen: Gießen Sie 100 Milliliter kochendes Wasser auf zehn Gramm Konfilight HT. Am besten geben Sie es direkt in eine kleine Flasche. Sobald sich das Pulver gelöst hat, haben Sie einen Flüssigsüßstoff, den Sie auch tropfenweise dosieren können.
Ein Milliliter Konfilight flüssig entspricht zehn Gramm Zucker, ein Meßlöffel (2,5 Milliliter) genau 25 Gramm Zucker. Der

ADI-Wert (siehe *Seite 23*) von Konfilight ist so hoch, daß ein Mensch mit 75 Kilogramm Körpergewicht täglich 20 Milliliter dieses Flüssigsüßstoffs aufnehmen dürfte. Das entspricht einer Zuckermenge von 200 Gramm.

Ballastsüße HT

Dieses Pulver enthält überwiegend Oligofructose (siehe *Seite 43*), ca. 25 Prozent Gummar HT (siehe *Seite 42*) und außerdem den Süßstoff Acesulfam (siehe *Seite 26*). Somit ist es eine ideale Kombination aus Ballaststoffen und Süßkraft. Die Ballastsüße erzielt sogar noch einen zusätzlichen Effekt: Jedes fruchtige Getränk schmeckt damit angenehmer und vollmundiger.

Ballastsüße HT ist kalt löslich. Sie kann aber auch in heißen Getränken verwendet werden, ist kochfest und behält auch bei jahrelanger Lagerung ihre Süßkraft. Die Ballastsüße HT können wir auch den Menschen empfehlen, die gesundheitlich ganz besonders vorsichtig sind. Acesulfam ist sogar für Kinder geeignet.
Ein Teelöffel (ca. vier Gramm) Ballastsüße gibt 200 Millilitern Getränk eine angenehm leichte Süße. Diese Menge enthält dann 0,8 Gramm lösliche Ballaststoffe aus Gummar, 2,7 Gramm lösliche Ballaststoffe aus Oligofructose und ca. vier Kilokalorien. Es entspricht einer Süßkraft von etwa sechs Gramm Zucker (24 kcal, kein Ballaststoff). Wenn Sie süßere Getränke bevorzugen, geben Sie zusätzlich eine Tablette Lightsüß HT hinzu.

Ballaststoffe

Gehen wir noch einmal auf die Ballaststoffe ein. Sie können vom Körper nicht verdaut werden und liefern deshalb keine Kalorien, aber die Darmbakterien brauchen sie, sozusagen als Nahrungsquelle. Durch die Vermehrung der nützlichen Darmflora sorgen sie außerdem für eine Stärkung des Immunsystems und Abschirmung der Darmschleimhaut, wie wir in unserem Buch „Darm und Po" ausführlich beschrieben haben. Das liegt unter anderem daran, daß sie eiweißabbauende Enzyme von der Darmschleimhaut fernhalten, für einen voluminösen Stuhl sorgen und helfen, schädliche Erreger und ihre Stoffwechselprodukte schneller auszuscheiden.

L eider hat sich im Zuge der modernen Ernährung der Anteil der Ballaststoffe immer mehr reduziert. So ist es kein Wunder, daß die Darmerkrankungen in unserer Zeit extrem zugenommen haben, das gilt leider auch für den besonders gefürchteten Darmkrebs. Ballaststoffe haben jedoch eine kleine, aber vor allem auch in Gesellschaft unangenehme Nebenwirkung: Sie verursachen nämlich, zumindest in der Anfangsphase und besonders bei zu hoher Dosierung, mitunter Blähungen. Doch diese Nebenwirkung, die zudem nachläßt, sobald sich die Darmflora auf die Aufnahme von Ballaststoffen eingestellt hat, wird man gerne in Kauf nehmen, wenn man die krankheitsverhütenden Eigenschaften dagegen aufwiegt.

Übersicht über die Ballaststoffgehalte

je 100 g enthalten	Brennwert (kcal)	Ballaststoffe gesamt (g)	davon löslich (g)	davon unlöslich (g)
Ballastsüße HT	132	88	88	0
Oligofruct HT	160	90	90	0
Inulin 90 HT	120	90	90	0
Gummar HT	max. 48	80	80	0
Konjacmehl	ca. 12	70	70	0
Konjac-Konzentrat	4–12	90	90	0
Apfelpektin	180	90	90	0
Apfelfaser HT	100	60	13	47
Weizenfaser HT	20	97	3	94
Hafercrispies	286	30	4	26
Kokosraspeln	606	24	5,6	18,4
Mohnsamen	482	20,5	2	18,5
Sesamsamen	570	11,9	1,4	10,5
Mandeln	599	10	3,5	6,5
Aprikosen, getrocknet	256	9	4,9	4,1

Tabelle 2: Eine kleine Übersicht über die Ballaststoffe.

Wie wichtig gerade lösliche Ballaststoffe sind, belegt auch die Tatsache, daß sie bei Diabetikern den Insulinbedarf erheblich verringern, eben weil Zuckerstoffe zunächst einmal von ihnen gebunden werden und erst verlangsamt in den körperlichen Organismus freigesetzt werden. Das ist übrigens auch bei gesunden Menschen ein wünschenswerter Effekt, denn er hilft, rank und schlank zu werden oder zu bleiben.

Auf etwas müssen wir Sie aber noch aufmerksam machen: Je mehr Ballaststoffe man aufnimmt, um so mehr Vitamine und Mineralstoffe sollte man dem Körper zuführen, weil ein – allerdings geringer – Anteil davon unverwertet mit den Ballaststoffen wieder aus dem Körper geschleust wird. Aber hier überwiegt der Nutzen der Ballaststoffe bei weitem diesen kleinen Nachteil. Nach Möglichkeit sollten wir täglich mindestens 30 Gramm, um Krankheiten vorzubeugen besser noch 40 Gramm Ballaststoffe zu uns nehmen, davon etwa 20 bis 25 Gramm unlösliche und 10 bis 15 Gramm lösliche Ballaststoffe. Um dieses Ziel zu erreichen, haben wir in unseren Rezepten eine Reihe spezieller Substanzen mit hohen Ballaststoffgehalten eingebaut. So zum Beispiel die schon angesprochene Oligofructose und das Inulin, beides praebiotische (die positive Darmflora unterstützende) Substanzen. Hinzu kommen Apfelfaser und Weizenfaser HT, aber auch Gummar HT.

Gummar HT

Gummi arabicum wird aus dem Harz von Akaziengewächsen gewonnen und besteht aus einer Kombination von Galactose, die mit Arabinose, Ramnose und Glucuronsäure verknüpft ist. Diese Kohlenhydratzusammensetzung kann der Körper nicht verwerten, deshalb wird es unverändert wieder ausgeschieden. Gummar HT ist instantisiertes bzw. granuliertes *Gummi arabicum*. Es enthält 80 Prozent lösliche Ballaststoffe, die die erwünschte praebiotische Wirkung auf die Darmflora ausüben. Es ist ein geschmacksneutrales, kalt lösliches Pulver, das nicht bzw. kaum quillt und deshalb auch gut als Ballaststoff-Zusatz für Getränke geeignet ist. Sie können es in Wasser oder Fruchtsaftgetränke, aber auch in Suppen, in selbstgebackenes Brot, ins Gemüse oder Müsli geben. Gummar HT hat den unschätzbaren Vorteil, daß es keine Blähungen auslöst. Sie können ohne Probleme bis zu 15 Gramm täglich davon zu sich nehmen.

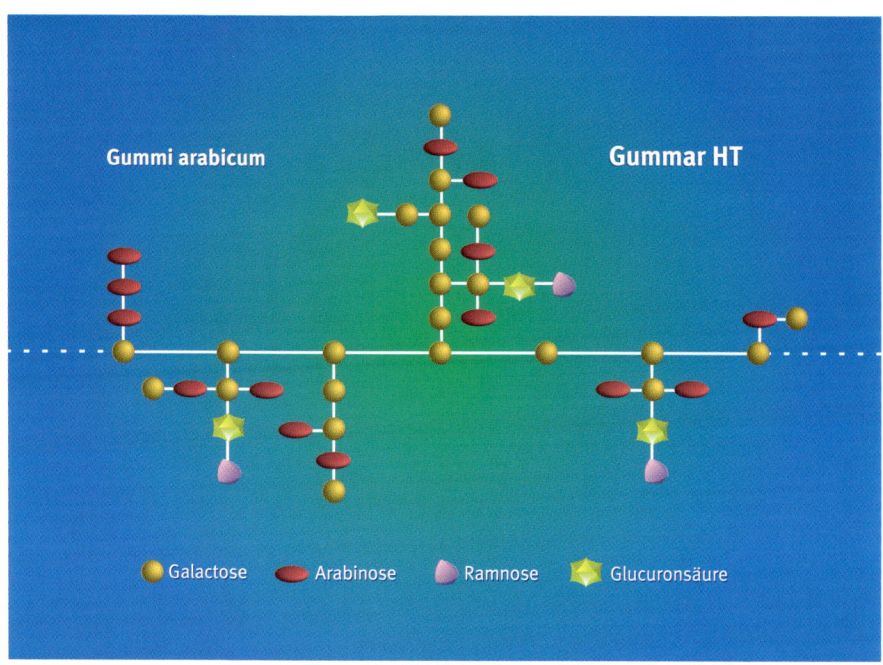

Abb. 7:   *Gummi arabicum besteht aus einer Kombination von Galactose, die mit Arabinose, Ramnose und Glucuronsäure verknüpft ist. Diese Kohlenhydratzusammensetzung kann unser Körper nicht verwerten.*

In vielen afrikanischen und arabischen Ländern ist *Gummi arabicum* eine Art „Volksnahrungsmittel". Dort wird es den Mahlzeiten in größeren Mengen zugesetzt, um den Darm auf Trab zu halten. Sogar infektiöse Durchfallerkrankungen werden mit *Gummi arabicum* behandelt, weil es schädliche Bakterien binden kann.

Während viele Ballaststoffe auf der Basis von Zuckeraustauschstoffen und Cellulose ebenso wie Pektin in größeren Mengen Blähungen erzeugen, ist dies bei Gummar HT nicht der Fall.

Konjacmehl

Dieser interessante Ballast- und Quellstoff stammt aus Japan. Das Konjacmehl hat nichts mit dem alkoholischen Cognac zu tun, sondern stammt aus der Knolle einer Pflanze mit dem botanischen Namen *Amorphophallus konjac*. Sie können es in den Läden kaufen, die die von der Hobbythek empfohlenen Rohstoffe führen (siehe *Bezugsquellenverzeichnis*). Konjacmehl enthält

vorwiegend Kohlenhydrate, nämlich Glucomannane, die von unserem Körper nicht gespalten, also auch nicht verdaut werden können. Daher rührt auch seine enorme Quellfähigkeit, die mit keiner anderen Substanz vergleichbar ist. Konjacmehl enthält ca. 60 bis 70 Prozent Ballaststoff. Andere Nahrungsmittel, die Sie zusammen mit Konjacmehl oder auch später zu sich nehmen, werden von diesem Brei lange im Magen festgehalten. Dadurch entsteht ein höheres Sättigungsgefühl.
Konjacmehl erzeugt ebenso wie Konjac-Konzentrat nur wenig Blähungen.

Konjac-Konzentrat HT
Konjac-Konzentrat ist ein hochreiner Stoff aus Konjacmehl, der ein noch besseres Quellvermögen besitzt, dafür aber auch teurer ist. Doch meist reicht schon eine Messerspitze. Das Konzentrat quillt auch ohne Erhitzen wesentlich gleichmäßiger als das Mehl. Konjac-Konzentrat läßt sich in Milch ebenso gut einsetzen wie in Wasser. Einfach unter Rühren mit dem Schneebesen einstreuen und 15 bis 20 Minuten quellen lassen. Konjac-Konzentrat hat einen Ballaststoffgehalt von 90 bis 95 Prozent.

Abb. 8: *Konjac-Konzentrat (links) ist ein hochreiner Stoff aus Konjacmehl (rechts), der ein noch besseres Quellvermögen besitzt, dafür aber auch teurer ist.*

Oligofructose und Inulin – zwei praebiotische Ballaststoffe

Oligofructose und Inulin sind lösliche Ballaststoffe, die aus aneinandergereihten Fructose-, also Fruchtzuckermolekülen, bestehen. Doch je nach Länge der Kette unterscheiden sie sich in ihren Eigenschaften. Kurze Ketten bezeichnet man als Oligofructose (oligo = einige). Längere Ketten (bis zu 60 Fructosemoleküle) werden Inulin genannt, man kann sie auch als Polyfructose bezeichnen (poly = viele).
Die Fructoseketten von Oligofructose und Inulin können nur von einem Enzym namens Inulase abgebaut werden, das im menschlichen Organismus normalerweise nicht vorkommt. Deshalb kommen beide Ballaststoffe unverdaut im Dickdarm an, wo sie als Nahrung für die menschliche Darmflora dienen. In diesem Zusammenhang spricht man von „praebiotischen" Substanzen; das sind Stoffe, die das Wachstum der erwünschten Darmflora unterstützen und die schädlichen Bakterien verdrängen.

Oligofructose und Inulin schmecken sehr angenehm und sind nicht schleimig. Sie kommen in Gemüsen wie der Zichorie, der Zwiebel, dem Porree und anderen vor. Ihre Verwendungsmöglichkeiten sind fast unbegrenzt. Sie sollten pro Portion ca. drei Gramm einsetzen. Täglich können Sie zusammengerechnet 12 bis 14 Gramm Oligofructose und Inulin verzehren, darüber hinaus kann es zu Problemen wie Blähungen führen.

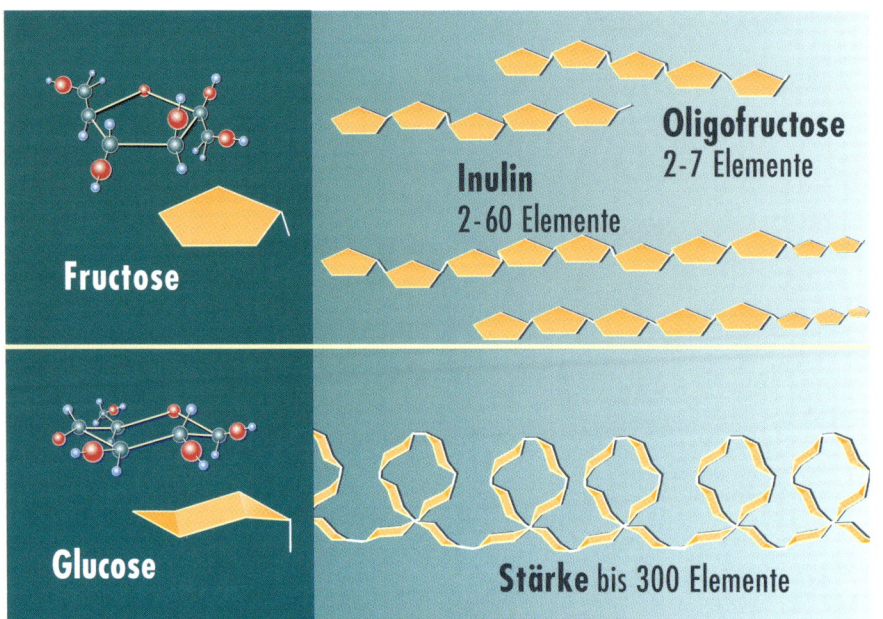

Fructose

Glucose

Oligofructose
2-7 Elemente

Inulin
2-60 Elemente

Stärke bis 300 Elemente

Abb. 9: Inulin und Oligofructose bestehen aus Ketten von Fructose-, also Fruchtzuckerbausteinen, für die wir keine Verdauungsenzyme besitzen.

daß Sie meinen, einen Sahnejoghurt zu verzehren. Inulin 90 HT schmeckt in fast jedem Getränk, in Joghurts, Desserts, Brotaufstrichen, in jeder Sauce, im Speiseeis usw. Das Pulver ist kalt löslich, kann bei Bedarf aber auch erhitzt werden. 100 Gramm Inulin enthalten ca. 90 Gramm lösliche Ballaststoffe.

Apfelfaser HT

Apfelfaser HT besteht nur aus natürlichen Apfelfasern und schmeckt sehr angenehm fruchtig. Es eignet sich zur Verwendung in Getränken und Süßspeisen. Apfelfaser HT hat einen Ballaststoffgehalt von insgesamt 60 Prozent, davon 13 Prozent lösliche Ballaststoffe, überwiegend Pektine. Apfelfaser HT verändert die Konsistenz des Getränkes kaum, so daß auch keine unangenehmen Nebeneffekte wie etwa ein schleimiger Geschmack auftreten.

Weizenfaser HT

Hierbei handelt es sich um ein helles, feines Mehl aus Weizenpflanzenfasern. Der extrem hohe Ballaststoffgehalt von 98 Prozent setzt sich überwiegend aus unlöslichen Bestandteilen zusammen, nur drei Prozent sind lösliche. Weizenfaser HT enthält keine Glutenanteile – dies als Information für Menschen, die unter Zöliakie leiden. Zöliakie ist eine

Oligofruct HT

Oligofruct HT ist ein weißes Pulver, das eine Süßkraft von ca. 30 Prozent des Zuckers entwickelt. Es ist kalt löslich und kann überall zugegeben werden, wo sowohl Süße als auch Ballaststoffgehalt erwünscht ist. Oligofruct HT enthält ca. 90 Prozent Ballaststoffe und ca. drei bis sieben Prozent restliche Zucker wie Glucose, Fructose und Saccharose.

Oligofruct HT sollten Sie gut verschlossen aufbewahren, weil es sonst Wasser anzieht und verklumpt. Oligofruct gibt vielen Getränken – zum Beispiel auch Limonaden – einen gehaltvolleren und runderen Geschmack.

Inulin 90 HT

Das weiße Pulver wird aus der Zichorienwurzel gewonnen und entspricht ihrem natürlichen Inulin- und Zuckerspektrum. Es enthält ca. 90 Prozent Inulin und besteht zu acht Prozent aus verschiedenen Zuckerarten (Fructose, Glucose, Saccharose). Deshalb hat es noch eine Süßkraft von etwa zehn Prozent des normalen Zuckers. Die Anwendungsmöglichkeiten sind vielseitig. Inulin dient generell als eine Art Fettersatz und schmeckt in Verbindung mit Milchprodukten wie Sahne. Ein Magermilchjoghurt mit Inulin 90 HT wirkt so cremig, seltene Darmerkrankung, verursacht durch eine Überempfindlichkeit des Darmepithels auf eine Eiweißfraktion des Glutens.

Sie können bis zu zehn Prozent des Mehlanteiles in Brot, Kuchen, Nudeln usw. durch Weizenfaser ersetzen. Das ergibt hohe Ballaststoffgehalte – auch in hellen Backwaren (siehe *Seite 80* und *82 f.*), die man nicht schmeckt. Außerdem ist Weizenfaser HT auch ein geeigneter Zusatz im Müsliriegel (siehe *Seite 68*).

Pektine

Pektine sind gelbildende Stoffe, die in der Natur hauptsächlich in Früchten vorkommen. Sie bestehen aus aneinandergereihten Kohlenhydratmolekülen (Galakturonsäure). Pektine sind rein lösliche Ballaststoffe, die für die Gesundheit eine wichtige Rolle spielen. Pektine gewinnt man aus Äpfeln, Citrusfrüchten oder Rüben.

Apfelpektin HVM
Das Apfelpektin HVM (**H**och **V**erestert für **M**armelade) ist ein normales Pektin, das nur geliert, wenn ausreichende Mengen, d. h. mindestens 50 Prozent, Zucker oder Zuckeraustauschstoffe in der Konfitüre vorhanden sind und der pH-Wert nicht höher als 3,5 liegt. Enthalten die Früchte zuwenig eigene Säure, muß Zitronen- oder Äpfelsäure

zugefügt werden. Zum Gelieren einer Konfitüre benötigt man etwa 1 bis 1,3 Prozent Pektin. Rezepte dazu finden Sie im Hobbythekbuch „Fruchtig frisch mit Frusip's". Im hier vorliegenden Buch wird Pektin nur zum Herstellen der Geleefrüchte verwendet.

Was Sie sonst noch brauchen

Xanthan
Xanthan ist ein Pulver, das mit Wasser ein Gel bildet und wie ein Ballaststoff wirkt. Es ist ein stärkeähnlicher Stoff und gehört in die Gruppe der Kohlenhydrate. Weil bereits kleine Mengen genügen, um ein Gel entstehen zu lassen, wird es üblicherweise nicht speziell als Ballaststoff, sondern als Gelbildner eingesetzt.

Reinlecithin P
Reinlecithin P ist reines Sojalecithin in Pulverform. Lecithine sind besondere Fette, die man auch als Phospholipide bezeichnet. Sie kommen sowohl im Tier- wie auch im Pflanzenreich vor und sind in allen menschlichen Zellen enthalten. Lecithine bilden das Grundgerüst der Zellmembran, das die Körperzellen nach außen abschirmt und darüber entscheidet, welche Stoffe in die Zellen oder aus ihnen heraus gelangen.

Im menschlichen Körper sind Lecithine besonders stark in Hirn- und Nervenzellen vertreten, aber auch in Muskeln mit Dauerbelastung, zum Beispiel dem Herzen. Lecithine können Fettstoffwechselstörungen günstig be-

einflussen, arbeiten wirksam gegen zuviel Fett im Blut oder in der Leber und können den Cholesterinspiegel senken. Diese Aufgabe erfüllt Lecithin unter anderem deshalb, weil es eine Emulgatorwirkung hat, das heißt es kann Fett und Wasser miteinander verbinden. Das Reinlecithin P empfehlen wir besonders zum Backen: Brot und Brötchen gelingen mit Lecithin wesentlich besser, besonders wenn Sie mit Vollkornmehl backen. Näheres dazu finden Sie in unserem Hobbythekbuch „Darm und Po".

Gelatine vom Schwein
Eiweiß eignet sich sehr gut, um Wasser in Süßigkeiten zu binden bzw. ihnen ein stabiles Gerüst zu geben. Sie benötigen Gelatine zum Beispiel für die Weingummiherstellung.

Gelatine besteht zu 84 bis 90 Prozent aus reinem tierischen Eiweiß, 15 Prozent Wasser und ein bis zwei Prozent Mineralsalzen. Sie enthält kein Cholesterin, Purin, Fett oder Kohlenhydrat. Gelatine ist reines Kollagen, ein Gerüsteiweiß, das im menschlichen und tierischen Körper in Knochen, Knorpeln, Bindegewebe und in der Haut vorkommt.
Bei den meisten handelsüblichen Gelatinesorten ist schwer nachvollziehbar, ob das Eiweiß von Rindern oder Schweinen stammt. Wir empfehlen aufgrund der anhaltenden Diskussionen um die Rinderseuche BSE zur Sicherheit, mit reiner Schweinegelatine (erhältlich in vielen Läden, die die Hobbythekpro-

dukte führen, siehe *Bezugsquellen-verzeichnis*) zu arbeiten. Diese Gelatine entspricht in der Gelierkraft einer herkömmlichen Haushaltsgelatine.

Calciumlactat HT

Calcium ist ein wichtiger Mineralstoff, den viele Menschen nur in ungenügender Menge aufnehmen. Calcium ist besonders wichtig für gesunde Knochen und Zähne. Das Risiko, an Osteoporose zu erkranken, läßt sich durch rechtzeitige und ausreichende Aufnahme von Calcium entscheidend verringern. Für den Organismus sind die Knochen ein Calciumspeicher, den er bei Bedarf abbaut. Die Osteoporose betrifft hauptsächlich Frauen nach der Menopause, da der Körper jetzt weniger Hormone, speziell Östrogen, produziert. Den Knochen wird immer mehr Calcium entzogen, die Wirbelsäule verkrümmt sich und die Knochen werden insgesamt sehr brüchig.

Ein Erwachsener sollte täglich 800 bis 1000 Milligramm Calcium aufnehmen, für Säuglinge empfiehlt die Deutsche Gesellschaft für Ernährung (DGE) 500 Milligramm, für Kinder zwischen ein und zehn Jahren 600 bis 800 Milligramm, für Jugendliche bis 18 Jahren sogar 1200 Milligramm, ebenso für Schwangere und Stillende. Sportler brauchen vor allem durch die vermehrte Schweißbildung 2000 Milligramm dieses Mineralstoffes.

Der wichtigste Calciumlieferant ist die Milch: 100 Gramm Milch oder Joghurt enthalten 120 Milligramm Calcium, 100 Gramm Schnittkäse 800 bis 1000 Milligramm. Das natürliche Calcium aus der Milch wird besonders gut vom Körper verwertet. Doch wer keine Milchprodukte mag oder verträgt, der kann zusätzliches Calcium aufnehmen. Eine besonders gute Bioverfügbarkeit hat Calciumlactat gezeigt. Man kann es in Wasser oder fruchtige Getränke einrühren: Zum Beispiel 200 Milliliter Wasser, ein bis zwei Teelöffel Frusip's nach Wahl und einen halben bis einen Teelöffel (1,5 bis 3 Gramm) Calciumlactat HT. 7,4 Gramm Calciumlactat HT enthalten ein Gramm reines Calcium, das entspricht etwa dem Tagesbedarf. Calciumlactat HT hat einen neutralen Geschmack und ist gut wasserlöslich. Man kann es in viele Nahrungsmittel hineingeben und sogar mitkochen, zum Beispiel in Saucen, in der Konfitüre, aber auch in Süßigkeiten. Mit einem Gramm (ein Meßlöffel = 2,5 Milliliter Inhalt) Calciumlactat deckt man 15 Prozent seines Tagesbedarfes, ungefähr soviel können also in 100 Gramm oder einer Portion enthalten sein. Klinische Tests haben gezeigt, daß Calciumlactat HT außerdem die Zahnsteinbildung reduziert.

Calciumcitrat

Wenn Sie nur Ihre Süßigkeiten mit Calcium anreichern möchten, können Sie auch Calciumcitrat verwenden. 4,8 Gramm Calciumcitrat enthalten ein

Gramm reines Calcium. Calciumcitrat ergibt allerdings eine milchig trübe Lösung und löst sich nicht so klar wie das Calciumlactat.

Äpfelsäure

Äpfelsäure ist eine organische Säure, die in vielen Früchten natürlich enthalten ist. Sie ist etwas schwächer als Zitronensäure, aber vielen Menschen besser bekömmlich. Mit einem Zusatz von Äpfelsäure wird der fruchtige Geschmack von Süßigkeiten verstärkt. Bei Verwendung von Apfelpektin HVM als Geliermittel benötigt man meist einen Zusatz von Äpfelsäure.

Färbende Pflanzenpulver

Süßigkeiten, die mit Frusip's aromatisiert werden, bekommen dadurch sehr schöne natürliche Fruchtfarben (siehe *Abbildung 9* auf *Seite 58* und *Abbildung 11* auf *Seite 61*). Einige süße Leckereien, zum Beispiel Isomalt-Bonbons, Paradiesfrüchte, Kaubonbons, Lakritz oder Marzipanfrüchte, können Sie nach Belieben zusätzlich noch intensiver färben. Dazu empfehlen wir Pflanzenpulver, die so stark konzentriert sind, daß die Süßigkeiten zwar einen intensiven Farbton erhalten, aber trotzdem nicht nach Paprika oder Spinat schmecken. Die Pflanzenpulver sind echte Alternativen zu den Lebensmittelfarbstoffen aus der chemischen Retorte. Sie erhalten sie in allen Läden, die die Hobbythekprodukte führen (siehe *Bezugsquellenverzeichnis*).

*T*ips und Tricks für den Zuckerbäcker zu Hause

Hier einiges Interessante und Wissenswerte zum richtigen Arbeiten mit Zucker, Zuckeraustauschstoffen und Schokolade.

Das Kochen von Zucker

Wasser siedet bei 100 °C. Selbst wenn man es noch so stark kocht, steigt die Temperatur nicht höher an. Anders ist es, wenn Zucker im Wasser enthalten ist. Mit zunehmender Konzentration von gelöstem Zucker im Wasser steigt die Siedetemperatur an. Daher ist die Siedetemperatur ein Maß für den Zuckergehalt der Lösung.
Wenn Zuckerlösung kocht, verdampft nur das Wasser, nicht jedoch der Zucker. Mit zunehmender Kochzeit steigt also der Zuckergehalt, was sich in langsamer Erhöhung der Siedetemperatur zeigt. Ab etwa 120 °C sind nur noch etwa zehn Prozent Wasser in der Lösung enthalten. Bei dieser Temperatur kann das restliche Wasser in Sekundenschnelle verdampfen. Achten Sie deshalb darauf, den Topf dann schnell vom Feuer zu nehmen.
Über 160 °C beginnt der Zucker zu karamelisieren, also braun zu werden. Zunächst brauchen Sie ein Thermometer, dessen Skala bis etwa 150 °C reicht, damit Sie die gewünschte Temperatur exakt einhalten können.

Konzentrationen der Zuckerlösung bei entsprechender Kochtemperatur

Kochtemperatur	Gehalt an Trockensubstanz (TS)
102 °C	54 %
105 °C	70 %
108 °C	77 %
110 °C	80 %
114 °C	85 %
118 °C	88 %
121 °C	90,5 %
142 °C	96,6 %
150 °C	98 % (Karamel)

Es handelt sich um ungefähre Angaben, die auf- oder abgerundet sind. Sorbit und Isomalt müssen dagegen wesentlich höher gekocht werden, um die gleiche Trockensubstanz wie bei einer Zuckerlösung zu erhalten. Bei einer Kochtemperatur von 112 bis 114 °C erreicht man eine Trockensubstanz (TS) von etwa 75 Prozent. Bei 120 °C Kochtemperatur werden ca. 80 Prozent Trockensubstanz erreicht.

Das Schmelzen von Zucker

Wenn Sie zur Krokantherstellung reinen Zucker schmelzen, verwenden Sie am besten Puderzucker. Nehmen Sie dazu eine Pfanne; diese besitzt eine große Oberfläche, so daß der Zucker gleichmäßig schmilzt. Verwenden Sie einen Schaber, mit dem Sie gleichmäßig rühren können. Der Zucker erreicht Temperaturen bis 160 °C und wird sehr schnell zu braun. Der geschmolzene Zucker sollte nicht dunkler als bernsteingelb sein. Deshalb sollten Sie sich alle Zutaten am Herd bereitstellen und die Pfanne rechtzeitig vom Feuer ziehen. Lassen Sie dabei keine Kinder an den Herd. Falls es zu einer Verbrennung kommt, die Hand sofort unter kaltes Wasser halten oder mit Eiswürfeln kühlen. Tragen Sie dann eine Brandsalbe auf und suchen Sie einen Arzt auf. Wesentlich einfacher ist es, Zuckeraustauschstoffe zu schmelzen, da diese nicht so schnell braun werden. Verbrennen kann man sich daran allerdings auch.

Schokolade und Kuvertüre als Überzug

Die Beschreibung von Schokolade und Kuvertüre finden Sie auf *Seite 34*. Die Herstellung von Trüffelmasse (siehe *Seite 70ff.*) ist einfacher als das Überziehen von Pralinen.

Das Schmelzen der Kuvertüre oder Schokolade

Die Schokolade sollte beim Schmelzen nicht über 40 bis 45 °C erwärmt werden. Deshalb wird sie gehackt oder geraspelt und im Wasserbad geschmolzen.
Eine andere Methode ist das Schmelzen in der Mikrowelle. Dabei erspart man sich das Raspeln der Schokolade, es genügt, sie in Stücke zu brechen. Auch bei Kuvertüre reicht es aus, sie einfach nur in die vorgegebenen Teile zu brechen. Geben Sie diese Stücke in ein

Abb. 1: *Setzen Sie die überzogene Praline auf ein Gitter ab, damit die restliche Schokolade abtropfen kann. Bevor die Masse jedoch fest wird, sollten Sie sie auf Backpapier setzen, davon läßt sie sich am leichtesten lösen.*

geeignetes Gefäß und schalten Sie die Mikrowelle auf die kleinste oder zweitkleinste Stufe (Warmhalten oder Auftauen). Nach zwei Minuten rühren Sie eventuell um. Die Schokolade hat sich dann erst ganz leicht erwärmt. Diesen Vorgang wiederholen Sie noch zwei- bis dreimal und prüfen, ob die Masse schon ausreichend geschmolzen ist. Sie

dürfen die Leistungsstufe auf keinen Fall höherstellen, sonst verbrennt die Schokolade und wird unbrauchbar. Diabetiker-Schokolade mit Fruchtzucker wird auf die gleiche Weise geschmolzen wie *links* beschrieben. Schwieriger ist das Arbeiten mit Diät-Schokolade, die Zuckeralkohole wie Sorbit enthält. Diese Schokolade darf beim Schmelzen auf höchstens 35 °C erwärmt werden, sonst wird sie unbrauchbar. Das folgende Temperieren wird genauso gehandhabt wie bei Schokolade mit Zucker.

Das Temperieren der Kuvertüre oder Schokolade

Zunächst wird die Schokoladenmasse bei ca. 40 bis 45 °C vorsichtig geschmolzen (siehe *Seite 48*). Dabei lösen sich alle vorhandenen Kakaobutterbestandteile auf. Dann kühlt man die flüssige Schokolade wieder auf unter 30 °C ab und rührt sofort einen Teil feingehackte Schokolade, die noch nicht geschmolzen war, unter. Diese zerkleinerte Schokolade schmilzt noch etwas und impft die flüssige Schokolade mit den Kristallen der erwünschten Größe. Dorthinein tauchen Sie dann sofort Ihre vorbereiteten Pralinenkörper. Am besten verwenden Sie dazu eine Pralinengabel oder eine alte Gabel, deren Zinken etwas auseinandergebogen werden, damit die dickflüssige Schokolade leichter abfließen kann. Setzen Sie die überzogene Praline auf ein Gitter ab, damit die restliche Schokolade noch abtropfen kann. Bevor die Masse völlig fest wird, setzen Sie die Praline auf Backpapier, davon läßt sie sich am leichtesten wieder lösen. Wenn der Schokoladenüberzug erkaltet ist, soll er leicht glänzend und streifenfrei sein. Das gelingt leider nicht immer. Wem das etwas zu kompliziert ist, dem verraten wir ein paar einfache Tricks, mit denen die ganze Sache zum Kinderspiel wird.

Die folgende Schokoglasur schmeckt besser als reine Kokosfettglasur und ist wesentlich leichter zu verarbeiten als pure Schokolade oder Kuvertüre.

Schokoladenglasur

50 g	Schokolade oder Kuvertüre
50 g	Kokosfettglasur

Zutaten in Stücke brechen und wie auf *Seite 48* beschrieben schmelzen. Diese Mischung wird etwas dünnflüssiger als reine Schokolade oder Kuvertüre. Die Schokoladenglasur sollte ebenfalls nicht heißer werden als 40 bis 45 °C. Sobald die Masse geschmolzen ist, können die Pralinen oder Kekse wie *oben* beschrieben hineingetaucht werden. Wenn Sie Torten damit überziehen möchten, streichen Sie die Masse einfach mit einem Backpinsel auf.

Abb. 2: *Weißblechförmchen sind zum Beispiel für Weingummi gut geeignet. Schokolade gießt man in antihaft-beschichtete Förmchen.*

Das Dekorieren von Pralinen

Mit einem kleinen Tütchen aus Pergamentpapier, das Sie sich selbst drehen können, ist es sehr einfach, Ihre Meisterwerke mit geschmolzener Schokolade zu verzieren. Ein normaler Spritzbeutel wäre dafür zu groß.
Geben Sie auf 30 Gramm geschmolzene Schokolade einen Teelöffel Frusip's oder Alkohol. Dadurch bleibt die Schokolade länger flüssig und Sie haben mehr Zeit zum Dekorieren. Auch dazu können Sie unsere „Schokoladenglasur" von *Seite 49* verwenden. Viel Spaß!

Gut in Form

Bei allen Süßigkeiten ißt selbstverständlich auch das Auge mit. Viele Massen sollten Sie deshalb direkt in geeignete Förmchen gießen. Damit ersparen Sie sich nicht nur überflüssige Arbeit, sondern erzielen auch bildschöne Ergebnisse.

Es ist allerdings nicht einfach, geeignete Förmchen zu finden. Sie sollten nicht nur gefallen und die passende Größe haben, vor allen Dingen müssen die erstarrten Massen auch leicht wieder aus den Förmchen zu lösen sein. Um die optimale Lösung zu finden, haben wir einiges getestet. Generell kann man sagen, daß fast alle Formen – auch die antihaft-beschichteten – mit einem Backpinsel und Pflanzenöl eingeölt werden sollten.

Besonders vielseitig sind Eiswürfelbereiter aus Kunststoff einsetzbar. Einige sind so elastisch, daß man sie sogar nach oben drücken kann. Das ist besonders praktisch, wenn Sie fertiges Konfekt herauslösen wollen. Es gibt sie als Rechtecke für Karamellen, als Früchte für Geleefrüchte, als Muscheln oder Schnecken und in vielen anderen Varianten. In diesen eingeölten Kunststofförmchen können Sie fast jede Masse in Form bringen.

Ebenfalls empfehlenswert sind die schon erwähnten antihaft-beschichteten Förmchen, die aber meist relativ groß sind. Ein Trick ist, sie nur teilweise zu befüllen – vorausgesetzt die Form eignet sich dazu. Viele kleine Förmchen sind einfach nur aus unbeschichtetem Weißblech, diese sind nur für Weingummi geeignet.
Schön, aber teuer und selten erhältlich sind flexible Kautschukformen. Sie sind unter anderem als Butterförmchen auf dem Markt. Wir fanden sie in Form von Rosen und Blättern.
Eine gute Recycling-Idee ist die Verwendung von leeren Kunststoffbehältern, in denen zum Beispiel Weichkäse verkauft wird.
Nach diesen Ausführungen steht leckeren und optisch ansprechenden Süßigkeiten nichts mehr im Wege.

Süße Rezepte

Süßigkeiten gehören zu den schönen Dingen des Lebens und „versüßen" uns im wahrsten Sinne des Wortes unseren Alltag. Doch sind sie immer mit dem Makel behaftet, daß sie nicht gut für Körper und Gesundheit sind. Darüber hinaus verursachen sie bei übermäßigem Genuß Karies (siehe *Seite 10–13*) und sind auch für die schlanke Linie nicht gerade von Vorteil. Weiterhin haben wir festgestellt, daß auch die Seele darunter leidet. Auf den Genuß folgen regelmäßig Reue, ein schlechtes Gewissen und die damit verbundenen Nebenwirkungen. Hiervon wollen wir Sie mit den nächsten Rezepten weitgehend befreien. Einige wenige Ausnahmen gibt es natürlich auch hier. Aber – was wäre das Leben ohne die kleinen Sünden des Alltags?

Abb. 1:   So genüßlich und ohne schlechtes Gewissen wie dieser junge Mann können Sie die Süßigkeiten der Hobbythek verzehren.

Lutschvergnügen mit Bonbons

Fachmännisch werden Bonbons auch als Hartkaramellen bezeichnet, gemeint ist aber meist das gleiche. Sie finden hier Rezepte für zahnschonende Karamellen mit Zuckeraustauschstoffen. Isomalt (siehe *Seite 20*) eignet sich als Rohstoff am besten.

Isomalt-Bonbons

200 g Isomalt
1 EL Frusip's 1:40,
      z.B. Himbeere, Cassis oder
2 EL Frusip's 1:20,
      z.B. Maracuja, Guanabana

Die Herstellung dieser Bonbons ist ein Spaß, den man sich zu zweit gönnen sollte. Sie brauchen dazu: Bratpfanne, Marmorplatte oder Backblech, Spachtel aus nichtrostendem Stahl, neue, nicht zu enge Gummihandschuhe, Küchenschere.
Isomalt in der Pfanne unter Rühren schmelzen. Es schmilzt bei ca.100 °C, verfärbt sich aber erst bei etwa 160 °C, das heißt, es brennt nicht so leicht an wie Zucker. Isomalt-Bonbons sind deshalb im Gegensatz zu Zuckerbonbons sehr einfach herzustellen. Die heiße flüssige Isomaltmasse auf eine gut gefettete Marmorplatte oder auf ein gefettetes Backblech ausgießen. Auf der Marmorplatte läßt sich die Masse am besten temperieren, auf jedem anderen Material dauert das

Abb. 2: Klappen Sie mit einem Spachtel die noch heiße Isomaltmasse immer wieder nach oben, bis sie gleichmäßig temperiert ist.

Abkühlen wesentlich länger. Auf die heiße Masse verteilt man sofort portionsweise den Frusip's. Geeignet sind hier fast alle Sorten von Zitrone/Limette bis Cappuccino – ganz nach Ihrem Geschmack. Schieben Sie den gut gefetteten Zuckerspachtel unter den Rand der Isomaltmasse, aber nicht tiefer als etwa einen Zentimeter, und klappen Sie die bereits leicht erkaltete Masse nach oben, wo sie durch den Kontakt mit dem noch heißeren Isomalt teilweise wieder schmilzt. So arbeitet man mit dem Spachtel immer wieder um den Rand herum, bis man eine gleichmäßig temperierte Isomaltmasse erhält. Bei einer Raumtemperatur von ca. 18 °C sollte dieser Vorgang in etwa 15 Minuten abgeschlossen sein. Die Isomaltmasse wird beim Erkalten relativ schnell hart.

Ziehen Sie die Gummihandschuhe an und fetten Sie sie ebenfalls etwas von außen. Prüfen Sie vorsichtig die Temperatur Ihrer Bonbonmasse. Auch durch die Handschuhe hindurch können Sie sich noch sehr leicht die Finger verbrennen. Achten Sie darauf, daß die Substanz nicht an den Handschuhen kleben bleibt bzw. daß Sie die Handschuhe gegebenenfalls sehr schnell ausziehen können. Ziehen Sie die handwarme Masse zu einem Strang, der dann mehrmals umgeschlagen und erneut gezogen wird. Dies macht man am besten zu zweit. Die Bonbonmasse ist dann nicht mehr transparent, sondern bekommt einen schönen Seidenglanz. Zum Schluß ziehen Sie einen fingerdicken Strang und schneiden mit der gefetteten Küchenschere einfach bonbongroße Stücke ab. Auf diese Weise können Sie auch zweifarbige Bonbons herstellen. Nach dem Auskühlen werden sie in einem Glas aufbewahrt. Sie sind lange Zeit haltbar und werden normalerweise nicht feucht und klebrig wie zum Beispiel Zuckerbonbons. Garantieren können wir dafür aber nicht, manchmal geschieht es eben doch.

Aus einem Isomalt-Strang lassen sich auch lange Stangen formen oder schneckenartige Riesenlutscher aufrollen. Lassen Sie Ihrer Phantasie freien Lauf. Sie müssen nur darauf achten, daß im richtigen Moment alles relativ schnell geht, da die Masse sonst zu kalt und hart wird. Man kann sie dann notfalls im Backofen wieder er-

hitzen und erweichen. Das Endergebnis ist dann aber nicht mehr ganz so gut wie beim ersten Mal.

Isomalt-Lutscher
Die Masse nach dem gleichen Rezept wie die Isomalt-Bonbons schmelzen, die Pfanne vom Feuer nehmen und dann Frusip's unterrühren.
Legen Sie hölzerne Schaschlik-Spießchen auf Backpapier aus und gießen Sie mit einem Löffel die Isomaltmasse so

darüber, daß mundgerechte Lutscher entstehen. Lagern Sie die fertigen Lutscher in einem großen Bonbonglas.

Paradies-Früchte
Am besten bekannt sind sicher die auf jedem Jahrmarkt feilgebotenen Paradies-Äpfel. Hierfür sollten Sie die Masse nach dem gleichen Rezept wie die Isomalt-Bonbons herstellen und mit roten Frusip's Sorten einfärben. Halten Sie die Masse in einem kleinen Kochtopf warm

Abb. 3: Leckere Lutscher in allen Größen und Farben können Sie selbst mit Isomalt herstellen.

und tauchen Sie Äpfel, die Sie vorher auf Schaschlik-Spieße gesetzt haben, hinein. Ebenso geeignet sind Birnen oder Weintrauben auf Zahnstochern. Das geht sehr schnell und einfach und ist auch gut für Kinderfeste geeignet. Mit der heißen Isomalt-Masse sollten jedoch nur Erwachsene hantieren.

Wenn Sie Bonbons suchen, die nicht nur keine Karies hervorrufen, sondern sogar gut für die Zähne sind, dann versuchen Sie mal Bonbons aus dem Zuckeraustauschstoff Xylit (siehe *Seite 19f.*). Sie sind sehr süß und haben beim Lutschen einen kühlen Effekt. Allerdings ist Xylit sehr teuer.

Frusip's-Xylit-Bonbons

250 g	Xylit
1–2 EL	Frusip's Bitter Lemon, Pink Grapefruit, Kindercola u.a.
1 TL	Xylit

Erwärmen Sie Xylit im Kochtopf, bis es bei 90 °C schmilzt. Sobald das Xylit schmilzt, ziehen Sie den Topf vom Feuer. Die Temperatur brauchen Sie nicht zu kontrollieren.
Lassen Sie die Masse etwas abkühlen und rühren Sie dann einen Frusip's nach Geschmack unter. Diese Xylit-Masse wird von alleine nicht mehr fest. Deshalb rührt man in die etwas abgekühlte Bonbonmasse einen Teelöffel Xylit, der noch nicht geschmolzen war. Diese feinen Kristalle regen die geschmolzene Masse nun ebenfalls wieder zur Kristallbildung an. Am besten ist es, wenn Sie

die Masse in ein Kännchen mit Schnute geben, mit dem Sie leicht dosieren können. Gießen Sie sie in geölte kleine, antihaft-beschichtete Förmchen oder Kunststoff-Eiswürfelbehälter, die so flexibel sind, daß sie sich von unten hochdrücken lassen (siehe *Seite 50*). Befüllen Sie die Förmchen nur vier bis fünf Millimeter hoch, sonst lassen sich die fertigen Drops nicht mehr gut lutschen. Nach ein paar Stunden sind die Drops fest und können in ein Glas verpackt werden.

Abb. 4: Es müssen nicht immer Äpfel sein, auch wenn der Name „Paradies-Äpfel" lautet. Birnen oder Weintrauben sind ebenfalls sehr gut geeignet.

Sahnekaramellen

50 g	Butter
1 Msp.	Reinlecithin P
180 g	Isomalt
120 g	Sorbit
50 g	Sahne
2 EL	(15 g) Apfelfaser HT
2 EL	Frusip's Vanille
evtl. 1 Msp.	Konfilight Pulver HT
3 EL	Isomalt, puderfein

Zum Kochen der Karamellmasse benötigt man ein Zuckerthermometer. Zunächst die Butter schmelzen und das Reinlecithin-Pulver darin lösen. Isomalt

Abb. 5: Statt in kleine Förmchen können Sie die noch warme Xylit-Bonbonmasse auch ganz einfach in Pralinenkapseln aus Aluminium gießen.

Die Masse wird am besten in gut geölte Eiswürfelförmchen aus Kunststoff gegossen. Im Kühlschrank fest werden lassen und anschließend in eine Tüte oder ein Bonbonglas verpacken. Die einzelnen Bonbons können auch in Isomalt gewälzt werden, dann kleben sie garantiert nicht zusammen.

Dieses Rezept ergibt ca. 450 Gramm Sahnekaramellen. Sie schmecken frisch am besten und sollten nicht zu lange aufbewahrt werden. 100 Gramm haben ca. 310 kcal und einen Ballaststoffgehalt von etwa vier Prozent.

Sahnekaramellen mit Zucker

40 g	Butter
1/3 TL	Reinlecithin P
200 g	Zucker
80 g	Apfelsüße HT
4 EL (40 g)	Sahne
2 EL (15 g)	Apfelfaser HT
2 EL	Frusip's
1 TL	Puderzucker

Zunächst die Butter erwärmen und das Lecithin darin lösen. Zucker und Apfelsüße im Kochtopf schmelzen. Bevor der Zucker braun wird, sofort geschmolzene Butter, Sahne und Apfelfaser zugeben, dabei schäumt die Masse stark. Etwa eine Minute kochen lassen, bis 115 °C erreicht sind, dann vom Feuer ziehen und auf ungefähr 90 °C abkühlen lassen. Frusip's und den Teelöffel Puderzucker unterrühren. Dadurch werden die fertigen Bonbons schön mürbe.

und Sorbit in einem nicht zu kleinen Kochtopf schmelzen, denn die Masse schäumt später stark. Geben Sie sofort die geschmolzene Butter und Sahne zu und kochen ca. zwei Minuten weiter, bis genau 128 °C erreicht sind. Dann ziehen Sie die Masse vom Feuer und rühren Apfelfaser und Frusip's unter. Die Apfelfaser erhöht den Ballaststoffgehalt der

Bonbons. Sie können die Apfelfaser auch weglassen und erhalten trotzdem noch gute Bonbons. Falls Sie die Karamellen besonders süß mögen, rühren Sie noch eine Messerspitze Konfilight Pulver HT unter. Wenn die Masse auf etwa 90 °C abgekühlt ist, rühren Sie drei Eßlöffel ungeschmolzenes, puderfeines Isomalt unter. Die Masse muß soweit abgekühlt sein, daß das puderfeine Isomalt nicht mehr schmilzt.

Abb. 6: Diese köstlichen Karamellen können Sie entweder klassisch mit Zucker oder aber zahn- und figurschonend mit Zuckeraustauschstoffen herstellen.

1 gestr. TL	(3 g)	Gelatine
1 TL		Wasser
100 g		Isomalt
70 g		Sorbit
50 ml		Wasser
15 g		Kokosfett
1 Msp.		Reinlecithin-Pulver
1 EL		Frusip's Maracuja
1 EL		Frusip's Orange
½ TL		Äpfelsäure
2 EL		Isomalt, puderfein

Diese vorbereitete Kaubonbonmasse wird bis 138 °C gekocht, deshalb benötigt man dazu ein entsprechendes Thermometer.

Zunächst die Gelatine vom Schwein (siehe *Seite 45*) in einem Teelöffel kalten Wassers quellen lassen. Isomalt, Sorbit und Wasser in einem nicht zu kleinen Kochtopf erhitzen. Währenddessen das Kokosfett schmelzen, das Reinlecithin darin lösen und in die heiße Zuckeraustauschmasse geben. Dabei kommt es zu starker Schaumbildung. Alles zusammen unter Rühren bis 138 °C kochen. Das ist wichtig, da die Kaubonbonmasse sonst nicht fest wird. Dann vom Feuer ziehen und etwa zwei bis drei Minuten abkühlen lassen. Bei ca. 100 °C die vorgequollene Gelatine unterrühren, die sich schnell auflöst. Dann Frusip's und Äpfelsäure und zum Schluß bei etwa 90 °C das Isomaltpulver hinzugeben. Das sollten Sie nicht vergessen, weil es die Bonbons angenehm mürbe macht. Die Masse etwas abkühlen lassen und auf Backpa-

Danach die Masse in geölte Formen gießen. Zur Not können Sie auch Eiswürfelbehälter aus Kunststoff verwenden. Weißblechformen sind für diese Karamelmasse nicht geeignet, da man sie nicht mehr herauslösen kann. Bonbons mit Zucker sind schwieriger herzustellen als die mit Zuckeraustauschstoffen, weil Zucker sehr schnell bräunt. Sie können auch einen Trick anwenden und die Hälfte des Zuckers durch Isomalt ersetzen. Beide Substanzen einfach trocken vermischen und dann wie beschrieben mit der Apfelsüße schmelzen. Diese Mischung bräunt wesentlich langsamer als Zucker. Nach den süßen Sahnekaramellen empfehlen wir ein säuerlich-fruchtiges Kaubonbon.

Abb. 7: Die handwarme Masse für die Kaubonbons muß zu einem dünnen Strang gezogen werden. Das geht noch besser zu zweit und macht auch Kindern großen Spaß.

Abb. 8: Sie können die Kaubonbonmasse mit Frusip's einfärben und dann mit einer Schere in mundgerechte Stücke schneiden. Das sieht gut aus und schmeckt lecker.

pier ausgießen. Sobald die Bonbonsubstanz nur noch handwarm ist, beginnt man, sie zu ziehen – am besten zu zweit, das macht auch Kindern großen Spaß. Das Kochen darf natürlich wegen der hohen Temperaturen nur von Erwachsenen durchgeführt werden. Ziehen Sie einen Strang, der dann immer wieder umgeschlagen und erneut gezogen wird, ähnlich wie bei den Isomalt-Bonbons auf *Seite 53* beschrieben. Dadurch verändert sich die Konsistenz und es entsteht ein typisches Kaubonbon. Das Ziehen der Kaubonbons ist wesentlich einfacher als das der Lutschbonbons, weil die Grundmasse nicht so schnell fest wird wie die reine Isomalt-Bonbonmasse, die relativ heiß verarbeitet werden muß. Schneiden Sie den gezogenen Kaubonbonstrang mit einer Küchenschere in mundgerechte Stücke. Die Bonbons im Kühlschrank fest werden lassen. Bewahren Sie sie in einem gut verschlossenen Glas auf, damit sie nicht austrocknen. Die Kaubonbons sollten am besten frisch genossen werden, nach zwei Wochen leidet ihr Geschmack. Der große Vorteil dieser Bonbons: Sie sind kaum kariogen. 100 Gramm haben nur etwa 280 kcal.

Geleefrüchte

Geleefrüchte sind einfach und schnell zuzubereiten. Sie werden wie Konfitüre mit Pektin geliert (siehe *Seite 45*). Wenn Sie diese Geleemasse dann in Früchteformen gießen, ist Ihnen der Erfolg sicher. Gut eignen sich – vorher geölte – Eiswürfelformen aus Kunststoff. Mit den Frusip's haben Sie eine Fülle von Möglichkeiten, verschiedene fruchtige Sorten herzustellen. Besonders köstlich sind Geleefrüchte mit Frusip's Cassis, Kirsche, Himbeere oder Mischungen daraus, aber auch Ananas, Maracuja, Orange, Pink-Grapefruit oder Zitrone/Limette schmecken sehr gut. Ebenfalls empfehlenswert sind Sorten wie Minze oder Ginger Ale.

Die fertigen Geleefrüchte können Sie entweder in Isomalt oder Kakaopulver wälzen oder mit Schokoladenglasur (siehe *Seite 49*) überziehen. Der Zuckeraustauschstoff Isomalt zieht kein Wasser an und eignet sich deshalb besser zum Wälzen als Haushaltszucker. Sie können die Früchte aber auch so belassen und als Augenweide auf einem Teller servieren, sie sind dann aber immer etwas klebrig.

Abb. 9: Besonders köstlich sind diese Geleefrüchte, wenn sie mit frischen Früchten zubereitet sind.

Geleefrüchte mit Sorbit

160 ml	Wasser	
2 TL	(5 g) Apfelpektin HVM	
120 g	Sorbit	
1 geh. EL	(10 g) Gummar HT	
1 EL	Wasser	
2 EL	(20 g) Frusip's 1:40, z.B. Himbeere, Cassis, Kirsche	
½–1 gestr. TL	Äpfelsäure	

Zunächst vier Eßlöffel der angegebenen Sorbitmenge abnehmen und trocken mit dem Pektin mischen, damit es nachher nicht verklumpt.

Das Wasser erwärmen, das Sorbit/Pektin-Gemisch unter Rühren mit dem Schneebesen hineingeben und drei Minuten kochen lassen, bis das Pektin gelöst ist. Erst dann den restlichen Sorbit dazugeben.

Würde man die gesamte Menge Sorbit auf einmal ins Wasser geben, entstün-

de eine gesättigte Lösung, in der sich das Pektin nicht mehr auflösen könnte. Die Geleefrüchte würden dann nicht die gewünschte Festigkeit erreichen. Die Lösung muß bis 120 bis 125°C gekocht werden. Kontrollieren Sie das bitte mit dem Thermometer, denn wenn Sie unter dieser Temperatur bleiben, werden die Geleefrüchte nicht fest. Dann den Topf sofort vom Feuer ziehen und das mit dem Eßlöffel Wasser vorgequollene Gummar hineinrühren. Anschließend Frusip's und Äpfelsäure zugeben. Wenn Sie besonders saure Frusip's verwenden, benötigen Sie entsprechend weniger Äpfelsäure.

Die heiße Masse muß nun sofort – am besten direkt in entsprechende Förmchen – ausgegossen werden. Das sollten entweder geölte Kunststoff-, Weißblech- oder antihaft-beschichtete Förmchen sein. Alle Formen sollten auf jeden Fall vorher geölt werden, um die Früchte einfach und unversehrt herauslösen zu können. Die Geleefrüchte kühlen schnell ab und werden fest. Schon nach ca. 30 Minuten kann man sie aus der Form holen. Die erkalteten Früchte können Sie anschließend in Isomalt, Kakaopulver oder geriebenen Pistazien wälzen. Gut geeignet ist auch ein Überzug mit Schokoladenglasur (siehe *Seite 49*).
Das folgende Rezept enthält sogar einen Anteil an frischen Früchten und zusätzliche Ballaststoffe. Wenn Sie keine Früchte hineingeben wollen, verwenden Sie einfach statt 100 Milliliter Wasser 160 Milliliter.

Geleefrüchte mit frischen Früchten

100 ml	Wasser
2 TL	(5 g) Apfelpektin HVM
120 g	Zucker
2 EL	(20 g) Apfelsüße HT
1 EL	(10 g) Oligofruct HT
60 g	frische Früchte, feingehackt
1 geh. EL	(10 g) Gummar HT
1 EL	Wasser
2 EL	(20 g) Frusip's 1:40, z. B. Orange
½–1 gestr. TL	Äpfelsäure

Vermischen Sie zunächst das Pektin trocken mit vier Eßlöffeln Zucker. Das Wasser erwärmen, dann das Zucker/Pektin-Gemisch unter Rühren mit dem Schneebesen hineingegeben und drei Minuten kochen lassen, bis das Pektin gelöst ist. Erst dann den restlichen Zucker, die Apfelsüße, Oligofruct und die kleingehackten frischen Früchte dazugeben. Geeignet sind alle Früchte, aus denen man auch Konfitüre kochen kann.

Sobald die kochende Masse 110°C erreicht hat, ziehen Sie den Topf vom Feuer. Dann rühren Sie das in dem Eßlöffel Wasser bereits vorgequollene Gummar und anschließend Frusip's und Äpfelsäure unter. Wählen Sie eine Frusip's-Sorte, die gut zu den frischen Früchten paßt, zum Beispiel frische Kiwi und Frusip's Orange.

Wenn Sie das gleiche Rezept ohne Ballaststoffe herstellen möchten, lassen Sie einfach Oligofruct HT, Gummar und den zusätzlichen Eßlöffel Wasser weg.

Ingwerfrüchte

Richten Sie sich nach einem der beiden oben genannten Rezepte für Geleefrüchte und geben Sie je nach Geschmack zwischen einem halben und einem Teelöffel geriebene frische Ingwerwurzel ins kochende Wasser. Dazu paßt Frusip's Ginger Ale oder Ananas. Ingwer ist ein relativ scharf schmeckendes, anregendes Gewürz, das gut gegen Übelkeit und Reisekrankheit wirkt. Es hilft allerdings nicht gegen Schwangerschaftsübelkeit.
Die folgenden Geleebonbons werden nicht mit Pektin geliert, sondern mit Konjacmehl (siehe *Seite 42 f.*) verfestigt.

Ballast-Geleebonbons

150 ml	Wasser
1 geh. EL	(12 g) Konjacmehl
1 EL	(10 g) Oligofruct HT
3 EL	(30 g) Apfelsüße HT, Sorbit oder Honig
evtl. 1 TL	Apfelfaser HT
3 EL	(30 g) Frusip's 1:20, z. B. Guanabana, Blutorange, Rote Traube oder Maracuja

Das Wasser erwärmen und das Konjacmehl unter Rühren mit dem Schneebesen einstreuen, ca. 1½ Minuten kochen lassen. Dann Oligofruct, Apfelsüße und eventuell Apfelfaser unterrühren und

Abb. 10: *Gesund naschen mit Ballast-*
stoffen – Ballast-Geleebonbons mit
Konjacmehl machen es möglich.

nochmals aufkochen lassen. Anstelle
von Apfelsüße können Sie auch flüssigen Honig oder – als zahnfreundliche
Variante – Sorbit (siehe *Seite 19*) verwenden. Den Topf vom Feuer ziehen
und Frusip's unterrühren. Geeignet sind
zum Beispiel Frusip's Maracuja, Guanabana, Blutorange oder Rote Traube. Die
fertige heiße Masse auf einen Teller ausgießen. Nach dem Abkühlen in Häppchen schneiden und nach Geschmack
in Kokosraspeln, gemahlenen Nüssen
oder Kakaopulver wälzen. Die heiße

Masse kann man auch in geölte Eiswürfelformen aus Kunststoff gießen.

Schmeckt köstlich zum Naschen
und ist mit über sieben Prozent
sehr ballaststoffreich. Mit Apfelfaser HT steigt der Ballastgehalt auf
über acht Prozent und der Geschmack
wird noch fruchtiger. 100 Gramm
haben nur 82 kcal, allerdings sollten Sie
am Tag nicht mehr als 30 bis 40
Gramm zu sich nehmen.

Das folgende Konfekt heißt Halva. Es
wurde von den Arabern erfunden, ist
aber bis Indien verbreitet. Wir haben es
mit Zutaten der Hobbythek umgesetzt.

Exotische Sesamwürfel mit Konjacmehl

50 g	Speisestärke
1 EL	(12 g) Konjacmehl
300 ml	Wasser
2 EL	Pflanzenöl
100 g	Apfelsüße
100 g	Zucker
evtl. $\frac{1}{4}$ TL	Konfilight-Pulver HT
3–4 EL	Frusip's Vanille
2 EL	Cashew-Kerne, gehackt
6 EL	Sesamsamen, geröstet

Die Speisestärke (entweder Mais- oder
Weizenstärke) mit dem Konjacmehl
vermischen und in das kalte Wasser
geben. Unter Rühren mit dem Schneebesen erhitzen. Auf mittlerer Flamme
unter ständigem Rühren fünf Minuten

kochen, dann Öl, Apfelsüße, Zucker
und eventuell Konfilight zugeben und
weiter kochen lassen, bis sich ein glasi-
ger dicker Brei gebildet hat.
Den Topf vom Feuer ziehen, Frusip's
und gehackte Nüsse unterrühren und
auf Backpapier etwa daumendick ausstreichen. Sofort mit den vorher angerö-
steten Sesamsamen bestreuen, in Würfel schneiden und nochmals in Sesam
wälzen.
100 Gramm dieser Sesamwürfel haben
nur ca. 230 kcal, aber einen Ballaststoffgehalt von über 4,5 Prozent.
Dieses Rezept läßt sich auf ganz unterschiedliche Weise variieren, wie Sie an
dem folgenden Beispiel sehen können.

Kokoswürfel

200 ml	Wasser
50 g	Speisestärke
2 EL	Pflanzenöl
100–200 g	Apfelsüße
evtl. 100 g	Zucker oder Sorbit
evtl. $\frac{1}{4}$–$\frac{1}{2}$ TL	Konfilight-Pulver HT
1–2 EL	Frusip's Ananas
2 EL	Erdnüsse, gehackt
5 EL	Kokosraspeln

Die Herstellung erfolgt wie bei „Exoti-
sche Sesamwürfel" beschrieben.

Weil diese Masse kein Konjacmehl enthält, quillt sie nicht
so stark und muß länger gekocht werden. Beim Süßen können Sie
variieren: Entweder Sie geben nur 200
Gramm Apfelsüße zu oder 100 Gramm
Apfelsüße und 100 Gramm Zucker oder
100 Gramm Apfelsüße und einen Vier-

tel Teelöffel Konfilight HT oder keine Apfelsüße, sondern nur 100 Gramm Sorbit und einen halben Teelöffel Konfilight.

Bei den „Exotischen Sesamwürfeln" können Sie die Süßungsmittel auf die gleiche Weise variieren. Auch Honig oder Isomalt können Sie einsetzen. Zur Aromatisierung sind viele Frusip's-Sorten geeignet. Eventuell können Sie auch zusätzlich noch Apfelfaser HT zugeben, um den Ballaststoffgehalt zu erhöhen.

Weingummi

Weingummis sind sehr beliebte Süßigkeiten. Ihre etwas zähe, gummiartige Beschaffenheit erhalten sie durch die Gelatine. Die Hobbythek empfiehlt die Verwendung von reiner Schweinegelatine (siehe *Seite 45*). Zum Kochen benötigen Sie ein Thermometer bis 150°C bzw. 200°C.
Nach den folgenden Rezepten können Sie im Handumdrehen die schmackhaftesten Gummibärchen und andere Kuscheltiere produzieren. Sie brauchen dazu nur geeignete Förmchen, die vorher gut geölt werden (siehe *Seite 50*).

Abb. 11:   Ob als klassische Gummibärchen und in anderen Variationen – unsere Weingummis sind immer eine Augenweide.

Weingummi mit Zucker

6 EL	(60 g)	Gelatine
10 EL	(100 ml)	Wasser
5 EL	(50 ml)	Wasser
150 g		Zucker
150 g		Apfelsüße HT
3½ EL	(35 ml)	Frusip's 1:40, z.B. Kirsche, Cassis, Cola
½ TL		Äpfelsäure

Die Gelatine in 100 Milliliter Wasser quellen lassen. Währenddessen 50 Milliliter Wasser und 150 Gramm Zucker kochen lassen, bis genau 115°C erreicht sind, dann sofort vom Feuer ziehen. Apfelsüße in die heiße Masse rühren, die dadurch etwas abkühlt. Anschließend die gelöste Gelatine und dann Frusip's und Äpfelsäure unterrühren. Die Masse etwas stehenlassen, damit sich der Schaum oben absetzen kann,

danach können Sie ihn mit einem Löffel abschöpfen. Die klare Weingummilösung in einen Trichter geben und in die geölten Formen gießen. Die Masse erstarrt bei Raumtemperatur etwa nach einer Stunde, im Kühlschrank entsprechend schneller. Die Äpfelsäure können Sie nach Belieben dosieren, sie unterstützt den Fruchtgeschmack des Weingummis.

Lassen Sie sich beim folgenden Weingummi mit Isomalt und Sorbit nicht dazu verführen, zuviel auf einmal davon zu essen, da diese in größeren Mengen zu unangenehmen Blähungen (siehe *Seite 19f.*) führen können.

Weingummi mit Zuckeraustauschstoffen

4 EL	(40 g)	Gelatine
6 EL	(60 ml)	Wasser
4 EL	(40 ml)	Wasser
9 EL	(90 g)	Isomalt
9 EL	(90 g)	Sorbit
3–4 EL		Frusip's 1:40, z.B. Kirsche, Mandarine
$\frac{1}{2}$ TL		Äpfelsäure oder Multivitaminpulver HT

Diese Zuckeraustauschlösung wird höher erhitzt als die vorher beschriebene Zuckerlösung. Zunächst die Gelatine in sechs Eßlöffeln Wasser quellen lassen. Dann vier Eßlöffel Wasser mit Isomalt und Sorbit bis 130°C kochen. Vom Feuer ziehen, etwas abkühlen lassen

und bei ca. 100°C die vorgequollene Gelatine zugeben, die sich sofort löst. Frusip's und Äpfelsäure oder als Alternative Multivitaminpulver unterrühren und wie vorher bereits beschrieben in die geölten Förmchen gießen.

Wenn Sie zur Abwechslung mal andere Weingummis probieren möchten, empfehlen wir die folgenden mit Schmand oder Sahne zubereiteten Cream-Gums.

Cream-Gums mit Ballast

4 EL	(40 g)	Gelatine
6 EL	(60 ml)	Wasser
100 g		Zucker
100 g		Apfelsüße HT
4 EL	(40 ml)	Wasser
1 EL		Wasser
$1\frac{1}{2}$ EL		Gummar HT
2 EL		Frusip's, z.B.Vanille oder Kirsche
1 gestr. EL		Schmand

Nach den gleichen Rezepten wie Weingummi können Sie auch sehr leckere Cream-Gums zubereiten. Geben Sie ganz zum Schluß einen gestrichenen Eßlöffel Schmand zu, der aber vorher glattgerührt sein sollte, da sich sonst Klümpchen bilden. Zunächst die Gelatine in sechs Eßlöffeln Wasser quellen lassen. Zucker, Apfelsüße und vier Eßlöffel Wasser bis 115°C kochen. Dazu benötigen Sie ein entsprechendes Thermometer. Sobald die Temperatur erreicht ist, ziehen Sie den Topf vom Feuer und warten eine Minute. Dann das in einem Eßlöffel Wasser vorgequollene Gummar und anschließend bei ca. 100°C die Gelatinelösung

unterrühren. Wenn Sie Gummar nicht mögen, können Sie es mitsamt dem Eßlöffel Wasser auch einfach weglassen. Zum Schluß Frusip's nach Geschmack und Schmand unterrühren. Geeignet sind Frusip's Vanille oder Marzipan, aber auch fruchtige Sorten wie Kirsche, Zitrone/Limette oder Maracuja. 100 Gramm dieser Cream-Gums haben ca. 210 kcal.

Sorbit-Jellies

3 EL	(30 g)	Gelatine
5 EL	(50 ml)	Wasser
$1\frac{1}{2}$ EL	(10 g)	Gummar HT
1 EL		Wasser
120 g		Sorbit
5 EL	(50 ml)	Wasser
evtl.1 EL		Oligofruct HT
1 Msp.		Konfilight-Pulver HT
$\frac{1}{2}$ TL		Äpfelsäure
$1\frac{1}{2}$–2 EL		Frusip's

Gelatine im Wasser quellen lassen. Gummar und Wasser zu gleichen Teilen verrühren. Sorbit, Wasser und eventuell Oligofructose kochen, bis eine Temperatur von 124°C erreicht ist. Vom Feuer ziehen und kurz abkühlen lassen. Anschließend die Gummar-Lösung und danach bei Erreichen von etwa 100°C die Gelatine einrühren. Zum Schluß Konfilight-Pulver und Äpfelsäure in einen Frusip's nach Geschmack, zum Beispiel Cola, Guarana, Ginger Ale oder Zitrone/Limette, einrühren und zugeben. Den Schaum abschöpfen und die

noch warme Masse in geölte Formen –
aus Kunststoff oder Weißblech oder
aus beschichtetem Material – gießen.

Diese Jellies haben eine angenehm weiche Konsistenz und
einen Ballaststoffgehalt von
etwa sechs Prozent. 100 Gramm enthalten nur ca. 140 kcal. Allerdings
sollten Sie diese Süßigkeiten – wie alles
mit Zuckeraustauschstoffen – immer
nur in kleinen Portionen naschen (siehe
Seite 18).

Lakritzvariationen

Der typische Lakritzgeschmack wird
durch die Zugabe von gemahlener
Süßholzwurzel erzielt. Der darin enthaltene Wirkstoff ist die Glycyrrhizinsäure.
Sie beruhigt den Magen und wirkt auch
bei Husten, deshalb ist sie häufig auch
im Hustensaft enthalten. Glycyrrhizinsäure hat aber leider auch eine
unerwünschte Nebenwirkung: Sie
erhöht den Blutdruck. Wer unter ho-
hem Blutdruck leidet, sollte also nicht
zuviel Lakritz essen.

Lakritzkonfekt mit Sorbit

100 g	Weizenmehl, hell
150 g	Sorbit
180 ml	Wasser
6	Kohletabletten
50 g	Süßholzextrakt
5 EL	(50 ml) Wasser
evtl. 1 Msp.	Konfilight-Pulver HT

*Abb. 12:   Das Konfekt zu kleinen Linsen geformt und in Isomalt gewälzt. Fertig
sind die Lakritzpastillen.*

Lakritz wird mit Sorbit etwas weniger süß als mit Zucker. Wenn Sie es richtig süß mögen, können Sie zusätzlich eine Messerspitze Konfilight-Pulver mitkochen. Weizenmehl und Sorbit trocken mit dem Schneebesen mischen. Das kalte Wasser in eine beschichtete Pfanne oder einen Topf geben und die trockene Mischung einrühren.

Die Kohletabletten in einem Mörser pulverisieren und mit dem Süßholzextrakt und fünf Eßlöffeln Wasser mischen. Die Mehlmischung auf kleiner Flamme unter Rühren mit dem Schneebesen erwärmen. Achtung: Die Masse brennt schnell an. Zwischendurch die Lakritzmischung einrühren. Es bildet sich ein dicker Teig, der auf kleiner Flamme aber noch so lange gekocht werden muß, bis ein Kloß entstanden ist. Falls Ihnen diese Masse in der Pfanne zu breiig zum Weiterrühren ist, holen Sie sie heraus und geben Sie sie zwischen zwei Schichten Backpapier. Dann mit dem Rollholz auf die gewünschte Stärke ausrollen und in den vorgeheizten Backofen geben. Bei 120 bis 150 °C etwa sieben bis zehn Minuten erhitzen, bis die Masse nicht mehr klebt und sich vom Backpapier ablösen läßt.
Aus der ausgerollten Masse lassen sich Rauten schneiden oder beliebige Formen ausstechen. Die fertige Masse ist zunächst noch weich und formbar wie Knetgummi und somit sehr leicht zu verarbeiten. Man kann daraus Figuren formen und sie einfach an der Luft einen Tag lang trocknen lassen.

Abb. 13:
Noch raffinierter wird es, wenn Sie statt einfacher Lakritzschnecken zweifarbiges Konfekt herstellen. Dazu müssen Sie nur einen Teil der Masse mit Frusip's einfärben.

Lakritzschnecken
Rollen Sie die ausgerollte Masse zu einer Rolle auf und schneiden Sie davon Scheiben ab, die Sie trocknen lassen. Fertig sind die Lakritzschnecken.

Zweifarbiges Lakritzkonfekt
Kochen Sie nach dem gleichen Rezept (siehe *Seite 63f.*) zusätzlich eine zweite Masse. Anstelle von Süßholzextrakt und Kohletabletten verwenden Sie jedoch drei bis vier Eßlöffel Frusip's Ihrer Wahl und entsprechend weniger Wasser. Die fertigen und ausgerollten Massen werden einfach schichtweise aufeinandergesetzt. Dazwischen können Sie mit dem Backpinsel eine Sorbit- oder Zuckerlösung aufstreichen. Rollen Sie zum Schluß noch einmal mit dem Rollholz darüber, damit die verschiedenen Schichten nach dem Trocknen nicht auseinanderfallen. Schneiden Sie die Masse in Würfel und wälzen Sie sie eventuell zusätzlich noch in Kokosraspeln.

Lakritzkonfekt mit Zucker

100 g	Weizenmehl, hell
50 g	Zucker
150 ml	Wasser
150 g	Apfelsüße
6	Kohletabletten
50 g	Süßholzextrakt
50 ml	Wasser

Herstellung wie beim „Lakritzkonfekt mit Sorbit" auf *Seite 64* beschrieben. Weizenmehl und Zucker werden trocken vermischt und mit dem Schneebesen ins Wasser gerührt. Dann die Apfelsüße zugeben. Statt 150 Gramm Apfelsüße können Sie auch 120 Gramm Rübenkraut und drei Eßlöffel Wasser verwenden.

Lakritzgummi

3 EL	(30 g)	Gelatine
6 EL	(60 ml)	Wasser
3 EL	(30 ml)	Wasser
55 g		Isomalt
6 EL	(60 g)	Sorbit
5–6 EL	(30 g)	Gummar HT
3 EL	(30 ml)	Wasser
3		Kohletabletten
20 g		Süßholzextrakt

Die Gelatine in sechs Eßlöffeln Wasser quellen lassen. Währenddessen drei Eßlöffel Wasser, Isomalt und Sorbit kochen lassen, bis genau 130 °C erreicht sind, dann sofort vom Feuer ziehen. Etwas abkühlen lassen und bei etwa 100 °C die Gelatine und das in Wasser vor-gequollene Gummar unterrühren. Die Kohletabletten in einem Mörser zerkleinern und mit dem Süßholzextrakt unterrühren. Anschließend sofort in gut geölte Förmchen ausgießen.

Speckgummi

Fruchtiger Weingummi, aufgeschäumt mit Eischnee – das ist Speckgummi. Ein luftiges Vergnügen, das man sich entweder mit Zucker oder mit Zuckeraustauschstoffen zubereiten kann. Wollen Sie Speckgummi längere Zeit aufbewahren, verwenden Sie besser Zucker, weil Sorbit schneller Wasser anzieht und klebrig werden könnte. Speckgummi läßt sich am besten mit einem Faden schneiden, ähnlich wie eine Biskuittorte. Die etwas klebrigen Scheiben werden sofort in puderfeinem Isomalt gewälzt. Dann lassen sie sich leicht in einer Dose übereinanderstapeln. Dazwischen kann man Backpapier legen. Den Speckgummi sollten Sie verschlossen aufbewahren, damit er nicht austrocknet oder Wasser anzieht.

Zuckerspeck

2½ EL	(25 g)	Gelatine
2 EL	(20 ml)	Wasser
2		Eiklar
160 g		Zucker
40 g		Apfelsüße
1 EL	(10 g)	Oligofruct HT
80 ml		Wasser
2 EL	(20 g)	Frusip's Kirsche
½ TL		Äpfelsäure

Zunächst die Gelatine im Wasser quellen lassen. Die beiden Eiklar zu sehr steifem Schnee schlagen. Der Schnee ist fertig, wenn er aus der umgedrehten Schüssel nicht mehr herausläuft. Zucker, Apfelsüße und Oligofruct mit 80 Milliliter Wasser kochen. Sobald das Thermometer 115 °C erreicht hat, den Topf vom Feuer ziehen und zwei Minuten abkühlen lassen. Bei ca. 100 °C die Gelatinelösung unterrühren, anschließend Frusip's und Äpfelsäure. Die gesamte Lösung sofort unter den Eischnee heben und in eine gefettete und mit puderfeinem Isomalt ausgestreute Form gießen. Falls keine Form vorhanden ist, schlagen Sie eine eckige Dose mit Backpapier aus und füllen die schaumige Masse hinein. Im Kühlschrank fest werden lassen. Nach dem Erkalten mit einem Faden schneiden.

Speckgummi mit Zuckeraustauschstoffen

2½ EL	(25 g)	Gelatine
2 EL	(20 ml)	Wasser
2		Eiklar
170 g		Isomalt
3 EL	(30 g)	Sorbit
1 EL	(10 g)	Oligofruct HT
80 ml		Wasser
2 EL	(20 g)	Frusip's Kirsche
½ TL		Äpfelsäure

Wie beim „Zuckerspeck" beschrieben, zunächst die Gelatine im Wasser quellen lassen. Die beiden Eiklar zu sehr steifem Schnee schlagen. Isomalt, Sorbit und Oligofruct mit 80 Milliliter Was-

Abb. 14:   Wälzen Sie Speckgummi am besten in puderfeinem Isomalt. Dann kleben sie nicht aneinander und lassen sich leicht in einer Dose übereinanderstapeln.

Knackiger Krokant

Die Bezeichnung Krokant stammt von dem französischen Begriff „Croquer" ab, der soviel wie „knuspern", „knabbern" oder „krachen" bedeutet. Zucker, Butter und Mandeln oder Nüsse sind die klassischen Zutaten, aus denen Krokant besteht. Aber auch mit Zuckeraustauschstoffen wird der Krokant ganz besonders köstlich. Wir stellen Ihnen hier einige neue und kreative Krokantrezepte vor, die erstaunlich einfach und schnell zubereitet sind. Sie können den Krokant pur genießen oder aber raffinierte Pralinen oder Schokoriegel daraus zubereiten.

Bei diesen Krokantrezepten gibt es ein grundsätzliches Dilemma. Mit Zuckeraustauschstoffen ist Krokant zwar wesentlich einfacher herzustellen als mit Zucker; allerdings können vom Zuckeraustauschstoff immer nur geringe Mengen genossen werden, weil es sonst zu Darmproblemen kommt (siehe *Seite 18*). Deshalb stellen wir Ihnen Rezepte vor, in denen normaler Zucker mit Zuckeraustauschstoffen kombiniert ist.

Hartkrokant mit Isomalt und Zucker

5 EL	(50 g)	Isomalt
5 EL	(50 g)	Zucker
2 EL	(20 g)	Butter
2 EL	(15 g)	Apfelfaser HT
1–2 EL		Frusip's Vanille oder Marzipan
50 g		Kokos-Chips

ser kochen. Sobald das Thermometer 125 °C erreicht hat, den Topf vom Feuer ziehen und zwei Minuten abkühlen lassen. Bei ca. 100 bis 105 °C die Gelatinelösung unterrühren, anschließend Frusip's und Äpfelsäure. Die gesamte Lösung sofort zügig unter den Eischnee heben und in eine gefettete und mit puderfeinem Isomalt ausgestreute Form gießen. Falls keine Form vorhanden ist, schlagen Sie eine eckige Dose mit Backpapier aus und füllen die schaumige Masse hinein. Im Kühlschrank fest werden lassen. Nach dem Erkalten mit einem Faden zum Beispiel zu „Speckscheiben" schneiden. Die Scheiben können Sie ganz nach Geschmack in Isomalt oder Kokosraspeln wälzen.

Anstelle der Kokos-Chips können Sie auch 100 Gramm geröstete Sonnenblumenkerne oder 30 Gramm Vollkorn-Puffreis zugeben. Die Zubereitung ist schnell und einfach:

I somalt und Zucker mischen und in einer möglichst hellen Pfanne erhitzen, damit Sie sehen, wenn der Zucker dunkler wird. Ist das der Fall, die Pfanne sofort vom Feuer ziehen, die Butter, Apfelfaser, Frusip's und zum Schluß die Kokos-Chips unterrühren. Die heiße Masse sofort dünn auf dem Backpapier ausstreichen und in Portionen schneiden. Wenn der Krokant dann hart wird, können Sie ihn nur noch in ungleichmäßige Stücke brechen.

Mit den oben genannten Mengen erhalten Sie etwa 200 Gramm Krokant. Er hat einen Ballaststoffgehalt von über zehn Prozent, aber leider auch ca. 420 kcal pro 100 Gramm. Dieser Krokant bleibt sehr lange lecker und knackig, ohne Feuchtigkeit anzuziehen.

Das gleiche Rezept können Sie auch nur mit Zuckeraustauschstoffen herstellen:

Krokant mit Zuckeraustauschstoffen

10 EL	(100 g)	Isomalt
evtl. 1 EL	(10 g)	Oligofruct HT
2 EL	(20 g)	Butter
2 EL	(15 g)	Apfelfaser
1–2 EL		Frusip's Vanille oder Marzipan
50 g		Mandelblättchen

Herstellung wie bei „Hartkrokant mit Isomalt und Zucker" *links* beschrieben. Oligofruct (siehe *Seite 44*) sorgt hier für die Bräunung des Krokants.

Puffreis-Hartkrokant

10 EL	(100 g)	Isomalt
1 EL	(10 g)	Oligofruct HT
2 EL	(20 g)	Butter
3 EL	(20 g)	Apfelfaser HT
1–2 EL		Frusip's Karamel
30 g		Vollkorn-Puffreis oder Hafercrispies HT

Herstellung wie bei „Hartkrokant mit Isomalt und Zucker" *links* beschrieben. 100 Gramm haben ca. 300 kcal und ca. zehn Prozent Ballaststoffgehalt.

Krokantpralinen
Portionierte Krokanthäppchen mit Schokolade oder mit der Schokoladenglasur von *Seite 49* überziehen. Eventuell mit einer Nuß dekorieren.

Abb. 15:   *Hartkrokant läßt sich in vielen knackigen Variationen herstellen.*

Krokantschichtpralinen

Geschnittene Krokanthäppchen mit Frucht-Marzipan von *Seite 77* abdecken oder mit einer Trüffelmasse (siehe *Seite 70ff.*) und dann mit Schokolade oder mit der Schokoladenglasur von *Seite 49* überziehen.

Gebrannte Mandeln

100 g	Mandeln
50 g	Isomalt
1 EL	(7 g) Apfelfaser HT
1 Msp.	Konfilight HT
1 EL	Frusip's Vanille oder Karamel

Die Mandeln in der Pfanne anrösten und wieder herausnehmen. Dann Isomalt schmelzen und die Apfelfaser unterrühren. Das Konfilight-Pulver in Frusip's verrühren und zugeben. Dann die Mandeln in der Masse wenden und – am besten mit zwei Gabeln – einzeln auf Backpapier verteilen.

Lecker & meist gesund – kernige Riegel und Happen

Lassen Sie sich die folgenden Naschereien genüßlich schmecken. Die knackigen Riegel sind nicht nur gesund, sondern auch lecker, und die Zubereitung ist einfach.

Abb. 16:   Nüsse und Samen geben diesem Frucht-Müsliriegel den richtigen Biß.

Frucht-Müsliriegel

100 g	Isomalt
2 EL	(20 g) Sorbit
2 EL	(20 g) Frusip's Orange
3 EL	(30 g) Kürbiskerne
3 EL	(30 g) Mandeln, gehackt
5 EL	(20 g) Hafercrispies HT
2 EL	(20 g) Leinsamen
4 EL	(20 g) Sesamsamen

Das empfohlene Mischungsverhältnis von Isomalt und Sorbit sollten Sie einhalten, damit die Müsliriegel nicht zu hart werden. Frusip's Orange können Sie beliebig gegen andere Geschmacksrichtungen austauschen.

Isomalt und Sorbit in einer Pfanne schmelzen. Die Pfanne vom Feuer ziehen und Frusip's Orange unterrühren. Alle Samen und Kerne untereinander mischen und in die geschmolzene Masse geben. Sofort auf eine mit Backpapier belegte Fläche geben. Mit einer zweiten Backpapierschicht abdecken und mit einem Nudelholz möglichst dünn, etwa 0,5 bis 0,7 Zentimeter, ausrollen. Dann die noch warme Masse sofort in Riegel schneiden.
Diese Müsliriegel bleiben lange knackig und lassen sich einige Zeit aufheben. Die Riegel sind zahnfreundlich, haben

etwa 364 kcal und einen Ballaststoffgehalt von ca. sieben Prozent. Wenn Sie die Mandeln und Sesamsamen vorher im Backofen oder in der Pfanne rösten, schmecken sie sogar noch besser. Das folgende fruchtige Kokoskonfekt schmeckt am besten im Sommer.

Kühle Kokos-Krönchen

125 g	Xylit
2 EL	Frusip's Mandarine
100 g	Kokosraspeln

Xylit (siehe *Seite 19 f.*) in einer Pfanne schmelzen, vom Feuer nehmen, Frusip's und Kokosraspeln unterrühren und die heiße Masse löffelweise auf Backpapier verteilen. Eventuell nach dem Erkalten in Pralinenförmchen aus Papier füllen. Diese köstlichen Kokos-Krönchen sind relativ süß und rufen auf der Zunge einen kühlenden Effekt hervor – wie Eiskonfekt. Jeder Fruchtgeschmack ist hier gleichermaßen gut geeignet. Wenn Sie Frusip's 1:20 verwenden, zum Beispiel Blutorange oder Ananas, dann brauchen Sie ca. drei bis vier Eßlöffel Frusip's für dieses Rezept.
Dieses Konfekt ist besonders zahnschonend und hat einen Ballaststoffgehalt von zehn Prozent.

Schoko-Tropo

50 g	Isomalt
60 g	Sorbit
2 EL	Frusip's Maracuja
2 EL	Frusip's Kokos
100 g	Kokosraspeln

Isomalt und Sorbit in der Pfanne schmelzen, vom Feuer ziehen. Frusip's und Kokosraspeln unterrühren und die Masse portionsweise auf Backpapier verteilen. Nach dem Erkalten mit Schokolade überziehen. Anstelle von Kokosraspeln können Sie auch geriebene Mandeln oder Nüsse verwenden.

Diese leckere Masse können Sie auch zu Kokos-Riegeln verarbeiten. Geben Sie dazu die Masse zwischen zwei Schichten Backpapier und rollen Sie sie fingerdick aus. Dann in Riegel schneiden und mit Schokoladenglasur (siehe *Seite 49*) überziehen.
Anstelle von Isomalt können Sie auch Zucker und Sorbit in der Pfanne schmelzen. Fruchtzucker ist dazu nicht geeignet, weil er zu schnell bräunt.

Türkischer Honig
Dieses wunderbare Konfekt wird je nach Herkunft auch weißer Nougat oder Nougat Montélimar genannt. Früher wurde mit Farbstoff eingefärbter Türkischer Honig häufig auf der Kirmes angeboten. Wir zeigen Ihnen hier ein edles Rezept mit vielen Früchten und Mandeln.
Es ist nicht ganz einfach, diesen Türkischen Honig herzustellen, deshalb arbeiten Sie am besten zu zweit. Er wird auch nicht schneeweiß, sondern hat – schon allein vom Honigzusatz – eine leichte Tönung.

Türkischer Honig à la Hobbythek

200 g	fester Honig
2	Eiklar
1 EL	Zucker
200 g	Zucker
150 ml	Wasser
8 g	Kakaobutter
80 g	halbierte Mandeln, geröstete Haselnüsse oder Pistazien
20 g	kandierte Früchte, gewürfelt evtl. etwas Kakaobutter zum Überziehen Oblaten

Als Variation sind weiterhin Sonnenblumen- und Kürbiskerne, Sesamsamen oder Haferflocken geeignet. Anstelle der kandierten Früchte können Sie auch Trockenobst verwenden.

Zur Herstellung der Masse müssen zuerst die kandierten Früchte kleingeschnitten und die Nüsse vorbereitet werden. Dann den Honig erwärmen, bis er kocht. Verwenden Sie unbedingt festen Honig, sonst wird die Masse später zu weich. Das gleiche Problem entsteht, wenn Sie mehr als 20 Gramm kandierte Früchte zugeben.
Eiklar und den Eßlöffel Zucker in einer Edelstahlschüssel mit dem Schneebesen leicht aufschlagen. Währenddessen in einem Kochtopf Zucker und Wasser bis 140 °C kochen. Beachten Sie dabei unbedingt die Grundregeln des Zuckerkochens von *Seite 47*. Kurz bevor die Endtemperatur erreicht ist, stellen Sie die Schüssel mit dem Eiklar bereits in

Abb. 17:   Beim Türkischen Honig ist es wichtig, daß die Zutaten nach unseren Anweisungen gemischt werden.

Abb. 18:   Erst die kandierten Früchte geben dem Türkischen Honig sein typisches Aussehen.

ein kochendes Wasserbad. Erreicht die Zuckermasse 140°C müssen Sie den Topf sofort von der Herdplatte ziehen und unter kräftigem Rühren mit dem Schneebesen in das Eiklar gießen. Achten Sie darauf, daß keine Eischnee-klümpchen entstehen. Sollte der Zucker dabei zunächst hart werden, so löst er sich im heißen Wasserbad wieder auf. Dann schütten Sie den fast kochenden Honig dazu und schlagen die Masse etwa 15 Minuten geduldig weiter. Dabei merken Sie, wie sie immer fester wird und sich von der Schüsselwand

löst. Zum Schluß werden die Kakaobut-ter sowie die Früchte und Nüsse unter-gerührt.

Am besten gießen Sie die klebrige Masse auf Backoblaten aus. Sehr prak-tisch ist es, darauf einen Rahmen aus Vierkanthölzchen zu legen, in den Sie die heiße Masse schütten. So wird sie schön gleichmäßig.

Sobald der Türkische Honig ausgekühlt ist, wird er geschnitten und eventuell noch in aufgelöste Kakaobutter ge-taucht, damit er kein Wasser anzieht.

Ohne Überzug ist der Türkische Honig relativ hygroskopisch und wird dadurch schnell klebrig und weich.

Trüffelrezepte

Sahne-Minze-Trüffel

2 EL	süße Sahne
100 g	Zartbitterschokolade
1 EL	(10 g) Frusip's Minze
2 EL	(20 g) Butter

Abb. 19: Ein kleiner Überblick über die Möglichkeiten, wie Sie eine normale Trüffelmasse ganz nach Ihrem Geschmack variieren und verfeinern können.

Sie können Sahne und Schokolade in der Mikrowelle auf kleinster oder zweitkleinster Stufe erwärmen, jede Minute einmal umrühren. Wenn Sie keine Mikrowelle haben, geht es aber auch bei kleiner Hitze im Kochtopf. Dazu die Sahne in einer Kasserole bei niedriger Hitze auf ca. 70 °C erhitzen, dann die gehackte Schokolade oder Kuvertüre unter Rühren mit dem Schneebesen hineingeben. Wichtig ist, daß die Schokolade nicht heißer als 50 °C wird. Den Topf vom Feuer nehmen, Frusip's und zum Schluß die Butter unterrühren. Beim Zugeben der Butter wird die Masse wieder etwas weicher.

Sie haben nun verschiedene Möglichkeiten, diese Masse zu verarbeiten. Entweder Sie gießen sie in kleine Pralinenförmchen, die zuvor gefettet und mit Kakaopulver oder gemahlenen Nüssen bestreut wurden, oder Sie gießen die Masse einfach auf Backpapier aus, lassen sie im Kühlschrank fest werden und schneiden sie dann mit dem Messer in appetitliche Häppchen. Dies ist die einfachste Methode. Die Trüffel können dann in Kakaopulver, Kokosraspeln oder geriebenen Nüssen gewälzt werden. Die klassische Trüffelverarbeitung sieht jedoch vor, daß die Masse zunächst im Kühlschrank fest und dann von Hand zu kleinen Kugeln gerollt wird. Diese können Sie dann ebenfalls in den beschriebenen Substanzen wälzen. Die Trüffel lassen sich auch mit Diabetikerschokolade herstellen. Dabei wird die Masse aber besonders vorsichtig und nicht über 40 °C erwärmt (siehe *Seite 48*). Wenn Sie die Trüffel etwas fester mögen, können Sie zusätzlich zu jedem Rezept bis zu einem Teelöffel Apfelfaser HT oder Inulin 90 HT zugeben. Das Inulin wird bei der Herstellung sofort in die heiße Sahne gerührt, die Apfelfaser kommt zum Schluß mit der Butter unter die Masse. Auf diese Weise bekommen Sie Trüffel mit gesunden Ballaststoffen.

Mango-Aprikosen-Trüffel

1 EL	süße Sahne
50 g	Zartbitterschokolade
50 g	Nougatmasse
1–2 EL	Frusip's Mango
2 EL	(20 g) Butter
1 EL	feingehackte, getrocknete Aprikosen

Herstellung wie bei „Sahne-Minze-Trüffel" *links* beschrieben. Mit der Butter die getrockneten Aprikosenstückchen unterrühren. Diese Fruchttrüffel können Sie ganz nach Geschmack mit sehr vielen Frusip's-Sorten und verschiedenen Trockenfrüchten variieren, zum Beispiel Guanabana-Trüffel mit getrockneten Birnenstückchen, Orangen-Trüffel oder Rote-Traube-Trüffel mit Rosinen, Pflaumen-Trüffel mit Frusip's Marzipan und viele mehr.

Walnuß-Trüffel

1 EL	süße Sahne
100 g	Vollmilchschokolade
2 EL	Frusip's Walnuß
	Walnußhälften

Herstellung wie bei „Sahne-Minze-Trüffel" auf *Seite 71* beschrieben. Warten Sie, bis die Masse etwas anzieht und geben Sie sie dann in einen Spritzbeutel. Spritzen Sie die Masse auf Backpapier und setzen Sie jeweils eine Walnußhälfte darauf.

Himbeer-Trüffel

1½ EL	süße Sahne
100 g	Weiße Schokolade
1 EL	Frusip's Himbeere
2 EL	Himbeergeist

Herstellung wie bei „Sahne-Minze-Trüffel" auf *Seite 71* beschrieben. Geben Sie bei diesem Rezept statt der Butter Himbeergeist zu.

Zimt-Vanille-Trüffel

1 EL	süße Sahne
100 g	Vollmilchschokolade
1 EL	Frusip's Vanille
⅓ TL	Zimt
2 EL	Butter

Herstellung wie bei „Sahne-Minze-Trüffel" auf *Seite 71* beschrieben. Anstelle von Zimt können Sie auch Lebkuchengewürz verwenden. Als Ergänzung und Variation eignen sich zum Zimt ver-

schiedene weitere Frusip's-Sorten wie Apfel, Orange, Zitrone/Limette und Rote Traube sowie Cassis, Nougat und Cappuccino.

Pistazientrüffel

1 EL	süße Sahne
100 g	Vollmilchschokolade
1–2 EL	Frusip's Marzipan
1 EL	Butter
1–2 EL	Pistazien

Herstellung wie bei „Sahne-Minze-Trüffel" auf *Seite 71* beschrieben. Mit der Butter die Pistazien unterrühren. Die Masse auf Backpapier erkalten lassen und in eckige Häppchen schneiden, eventuell mit Pistazien dekorieren. Sie können diese Trüffel mit vielen Nußsorten variieren. Dazu passen auch Frusip's Vanille oder fruchtige Sorten nach Ihrem Geschmack.

Trüffelpastete

Verwenden Sie dazu kleine, gut geölte Formen (siehe *Seite 50*) von etwa 100 Milliliter Inhalt. Kleiden Sie die Förmchen zunächst mit einer dünnen Schicht Marzipan aus (siehe *Seite 76*), geben Sie dann einige Krokantstückchen oder geröstete Mandelsplitter hinein und gießen Sie darauf eine Trüffelmasse nach Wahl. Nach Geschmack kann man auch zwei Trüffelmassen variieren und Aprikosenmarmelade dünn dazwischen verteilen. Zum Schluß nehmen Sie die Pastetchen aus den Formen und überziehen sie mit Schokoladenglasur (siehe *Seite 49*).

Mit einer ähnlichen Masse können Sie auch diese wunderbar knackigen Pralinen zubereiten.

Splitter-Pralinen

2 EL	süße Sahne
100 g	Zartbitterschokolade
3 EL	Frusip's Orange
3 EL	Sonnenblumenkerne
3 EL	Kürbiskerne
3 EL	Hafercrispies HT
2–3 EL	Sesamsamen

Herstellung wie bei „Sahne-Minze-Trüffel" auf *Seite 71* beschrieben.

In die geschmolzene Masse geben Sie einfach die vorher gerösteten Kerne und Samen hinein. Mit zwei Teelöffeln kleine Splitter-Pralinen auf Backpapier setzen und im Kühlschrank fest werden lassen. Damit diese köstlichen Pralinen in den Fingern nicht zu schnell schmelzen, können Sie sie auch in Papierförmchen anbieten.

Sckokofrüchte

Frische Früchte mit einem Schokoladenüberzug sind eine Spezialität, die man nur selbst herstellen kann, weil sie frisch – innerhalb von ein bis zwei Tagen – genossen werden sollten. Sie sind gesünder und kalorienärmer als jede andere Praline und die Herstellung ist sehr einfach.
Wählen Sie Früchte mit nicht allzu saftigem Fruchtfleisch bzw. mit einer wei-

Abb. 20: Zum Anbeißen sehen die selbstgemachten Splitter- und Trüffelpralinen aus.

Eiskonfekt

250 g	Kokosfett
70 g	Kakaopulver
80 g	Magermilchpulver
300 g	Xylit, puderfein
1½ TL	Frusip's Orange

Alle Zutaten werden kalt mit dem elektrischen Handrührgerät oder einem Pürierstab vermischt. Durch das schnelle Rühren wird die Masse weich und läßt sich am einfachsten auf Backpapier ausstreichen. Lassen Sie sie im Kühlschrank fest werden und schneiden Sie sie dann in kleine Häppchen. Diese lassen sich auch in Kokosraspeln oder gemahlenen Nüssen wenden.

Das Eiskonfekt schmeckt ganz hervorragend und läßt sich mit vielen Frusip's-Sorten kombinieren, zum Beispiel mit Zitrone/Limette, Orange, Vanille, Nuß oder Kokosnuß, mit Cappuccino, Nougat und Kirsche, mit Himbeere, Guanabana, Cranberry-Apfel, Rote Traube oder Aprikose. Sie können die Masse auch in gefettete oder antihaft-beschichtete Förmchen geben oder in einer Papiermanschette servieren. Das Eiskonfekt schmeckt natürlich gut gekühlt am besten.

chen Außenhaut. Gut geeignet sind frische Erdbeeren, kernlose Trauben, Kirschen mit Stiel, Himbeeren, Brombeeren, Stachelbeeren, ganze Johannisbeerträubchen mit Stielen sowie frische Feigen und Bananenstückchen oder Mandarinenscheibchen, ganze Kumquats, Kiwis, Äpfel, Ananas, Birnen oder Aprikosen, die noch nicht zu reif und weich sind. Tupfen Sie die Früchte und Fruchtstücke mit Papierküchentüchern trocken, denn wenn sie feucht sind, hält die Schokolade nicht darauf. Zum Überziehen können Sie Schokolade, Kuvertüre oder die Schokoladenglasur von *Seite 49* verwenden. Tauchen Sie die gut abgetrockneten Früchte in die geschmolzene und temperierte Masse und lassen Sie sie auf einem Gitter abtropfen. Anschließend auf Backpapier legen und im Kühlschrank fest werden lassen.

Diese Fruchtpralinen eignen sich auch zum Dekorieren von Desserts, Eiscreme oder Torten. Dazu können Sie auch Minzeblättchen mit Schokolade überziehen. Auf die gleiche Weise läßt sich natürlich auch Trockenobst veredeln, das dann entsprechend länger haltbar ist.

Abb. 21: Eiskonfekt schmeckt nicht nur herrlich, sondern sieht auch sehr dekorativ aus.

Abb. 22: Dieses Milchkonfekt ist kein Konfekt, das zart auf der Zunge schmilzt, sondern muß gekaut werden.

Milchkonfekt ohne Zucker

50 g	Kakaobutter
$\frac{1}{3}$ TL	Reinlecithin P
1–2 EL	Frusip's
5 EL	(50 g) Sorbit
50 g	Magermilchpulver
1 geh. TL	Gummar HT
1 geh. TL	Apfelfaser HT
30 g	Trockenfrüchte

Die Kakaobutter leicht erwärmen (30 bis 35°C), bis sie schmilzt. Reinlecithin zugeben, Frusip's und Sorbit unterrühren. Sorbit soll sich vollständig auflösen, die Temperatur aber nicht erhöhen. Dann Milchpulver, Gummar und Apfelfaser trocken vermischen und zugeben. Zum Schluß gehackte Trockenfrüchte unterrühren und die Masse in geölte Förmchen gießen. Am besten eignen sich Kunststoff-Eiswürfelbereiter. Im Kühlschrank erstarren lassen und aufbewahren.

Falls Sie keine Förmchen haben, gießen Sie die Masse auf Backpapier aus und schneiden Sie sie in Würfel. Je nach Frusip's-Sorte können Sie weißes, gelbes oder rotes Konfekt herstellen.

100 Gramm haben etwa 440 kcal und einen Ballaststoffgehalt von fast vier Prozent. Für dieses Milchkonfekt können Sie anstelle von Sorbit auch Zucker verwenden, achten Sie aber darauf, daß Sie Magermilchpulver verwenden. Mit adaptiertem Milchpulver für Säuglingsernährung läßt sich das Konfekt nicht herstellen.

Dies ist kein Konfekt, das zart auf der Zunge schmilzt, sondern Sie müssen es kauen.

Marzipan-variationen

Das Marzipan war ursprünglich nur im Orient und in Italien bekannt. Die Mischung aus Mandeln, Zucker und Rosenwasser war damals noch etwas besonders Luxuriöses. Das ist vielleicht einer der Gründe, weshalb Marzipan auch heute noch überwiegend nur zu Weihnachten auf die Konfektteller kommt. Tatsächlich sollte man von dieser Kalorienbombe auch keine großen Mengen verzehren. Immerhin haben Mandeln einen Kaloriengehalt von 599 kcal pro 100 Gramm. Allerdings haben sie auch einen Ballaststoffgehalt von zehn Prozent und sind reich an Mineralstoffen und Vitaminen, aber auch an Eiweiß und Fett.

Das Selbermachen von Marzipan ist nicht so aufwendig, wie man denkt. Sie brauchen dazu allerdings einen Backofen. Selbstgemachtes Marzipan wird etwas gröber und hat einen relativ geringen Zuckergehalt im Vergleich zum industriell hergestellten.

Auch beim selbstgemachten Marzipan haben Sie wieder die freie Auswahl: Sie können Puderzucker oder Zuckeraustauschstoffe verwenden, ein helles Marzipan aus geschälten Mandeln oder ein etwas dunkleres aus ungeschälten Mandeln herstellen. Auch Haselnüsse oder andere Nüsse können Sie dazu nehmen, ebenso sind auch Mischungen verschiedener Nüsse möglich.

Helles Mandelmarzipan

Geben Sie ganze ungeschälte Mandeln in kochendes Wasser und lassen Sie sie zwei bis drei Minuten ziehen. Das Wasser über einem Sieb abgießen und die einzelnen Mandeln zwischen Daumen und Zeigefinger nehmen. So läßt sich jede Mandel leicht aus ihrem braunen Häutchen herausdrücken. Diese Mandeln beinhalten relativ viel Feuchtigkeit. Sie werden nun sofort gemahlen, entweder von Hand mit einer Mandelmühle oder mit einem elektrischen Gerät.

Dunkles Mandelmarzipan

Hierbei sparen Sie Arbeit, weil Sie die Mandeln nicht mit Wasser übergießen und aus den braunen Häutchen herausdrücken müssen. Sie mahlen einfach die Mandeln mit Häutchen und geben später nach Bedarf ein bis zwei Eßlöffel Wasser zu.

Schnelles Marzipan

Sie verwenden fertig gemahlene Mandeln. Diese haben allerdings weniger Aroma und sind etwas trockener. Hier müssen Sie in der Regel drei bis vier Eßlöffel Wasser zugeben.

Herstellung der Marzipanrohmasse

Marzipan mit Zucker

200 g	Mandeln oder Nüsse
100 g	Puderzucker

Marzipan mit Isomalt

200 g	Mandeln oder Nüsse
100 g	Isomalt
25 g	Sorbit

Zu den gemahlenen Mandeln (siehe *links*) geben Sie Puderzucker oder Zuckeraustauschstoffe und bei Bedarf löffelweise gerade soviel Wasser zu, daß Sie einen Teigkloß aus der Masse formen können. Teilen Sie ihn in zwei Teile, die einzeln in Alufolie gewickelt werden. Falls Sie ein Bratenthermometer oder ein Thermometer bis 200°C haben, stecken Sie es in den größeren Kloß. Es geht aber auch ohne Thermometer. Die beiden verpackten Marzipanteige werden dann im Backofen erhitzt. Der Fachmann nennt diesen Vorgang Abrösten. Bei einer Temperatur von 120 bis 150°C kann es etwa 10 bis 20 Minuten dauern, bis die Masse innen 80°C erreicht hat. Wenn Sie nun

den Marzipanteig aus der Folie wickeln, sehen Sie sofort die Veränderung. Der Teig ist dunkler und viel geschmeidiger geworden. Das Rohmarzipan ist nun fertig.

Im folgenden einige Vorschläge, was Sie aus Rohmarzipan alles machen können. Falls Sie keine Lust haben, das Marzipan wie oben beschrieben selbst herzustellen, können Sie auch fertige Rohmarzipanmasse kaufen.

Aromatisieren mit Frusip's

100 g	Rohmarzipan
1–2 TL	Frusip's Marzipan, Vanille, Cappuccino
1–2 EL	Puderzucker oder Sorbit

Beim Aromatisieren kneten Sie zuerst die flüssigen Zutaten unter die Rohmasse und dann Sorbit oder Puderzucker. Je mehr Zucker oder Sorbit zugegeben werden, um so fester wird die Marzipanmasse. Aus dem aromatisierten Marzipan läßt sich beliebiges Konfekt herstellen.

Aromatisieren mit Rosenwasser

100 g	Rohmarzipan
1 TL	Rosenwasser

Auch Rosenwasser können Sie selbst herstellen, als Grundstoff dient Rosenwasserkonzentrat HT: 100 Milliliter Wasser werden aufgekocht und heiß in ein kleines Fläschchen gefüllt. Sobald das Wasser abgekühlt ist, ein bis zwei Tropfen Rosenwasserkonzentrat HT

Abb. 23:   Bei der Verarbeitung der Marzipanrohmasse können Sie Ihrer Phantasie freien Lauf lassen.

hineingeben. Im Kühlschrank können Sie diese Mischung zwei bis drei Wochen aufheben.

Auf 100 Gramm Rohmarzipan kommt ein Teelöffel des Rosenwassers. Die weitere Herstellung des Marzipans erfolgt wie bei „Aromatisieren mit Frusip's" (siehe *Seite 76*) beschrieben.

Aromatisieren mit Alkohol

100 g	Rohmarzipan
1–3 TL	Likör, z. B. Orangenlikör
1–2 EL	Puderzucker oder Sorbit

Die Herstellung erfolgt wie auf *Seite 76* beschrieben.

Marzipanfrüchte

100 g	Marzipanrohmasse
1–2 TL	Frusip's Cassis oder Mandarine
2 geh. EL	(30 g) Sorbit oder Puderzucker

Kneten Sie in die Marzipanrohmasse (Herstellung siehe *Seite 75 f.*) zunächst Frusip's und dann Sorbit oder Puderzucker. Daraus können Sie dann die Früchte Ihrer Wahl formen. Rosen als Tortendekoration machen sich besonders gut. Grüne Blätter oder Früchte mit anderen Farbschattierungen können Sie mit Speisefarbe oder färbenden Pflanzenpulvern (siehe *Seite 46*) einfärben. Aus der Marzipanmasse lassen sich auch Tortenbeschriftungen formen.

Marzipanpralinen

Wenn Sie das Frucht-Marzipan zu einer Kugel geformt und eingepackt einen Tag im Kühlschrank lagern, wird die Masse fester und läßt sich nach dem Ausrollen auch ausstechen. Wenn Sie die ausgestochenen Formen noch mit einer Schokoladenglasur (siehe *Seite 49*) überziehen, erhalten Sie einfache Marzipanpralinen, die Sie ganz nach Geschmack mit Nüssen, Krokant (siehe *Seite 66 ff.*) oder auch mit den oben beschriebenen Marzipanfrüchten verzieren können.

Es geht auch noch raffinierter:

Marzipanpralinen mit Pflaume

2	Backpflaumen ohne Stein
3–4 EL	Zwetschgenwasser
100 g	Rohmarzipan
2 EL	Puderzucker oder Sorbit

Jede Backpflaume in sechs Stückchen schneiden und einige Stunden im Zwetschgenwasser einweichen. Anstelle von Zwetschgenwasser können Sie auch Weinbrand oder Rum verwenden. Die Pflaumenstückchen abtropfen lassen, die Flüssigkeit ins Rohmarzipan kneten, ebenso Puderzucker oder Sorbit. Das Marzipan zu einer Rolle formen und in zwölf Scheiben schneiden. Darin die Pflaumenstückchen einpacken und rund formen. Anschließend mit dunkler Schokoladenglasur (siehe *Seite 49*) überziehen.

Auf ähnliche Weise lassen sich Marzipanpralinen mit Aprikose oder anderen aromatischen Trockenfrüchten zubereiten. Rumtopf-Früchte sind ebenfalls zur

Pralinenherstellung gut geeignet. Verwenden Sie keine frischen Früchte als Füllung, da sie in den Pralinen verderben würden.

Marzipan-Konfitüre-Füllung

100 g	Rohmarzipan
3 EL	Aprikosenkonfitüre oder Honig
1 EL	Frusip's Aprikose

Die Zutaten zu einer streichfähigen Mischung verkneten und als Füllung für Torten oder selbstgebackene Teilchen verwenden. Selbstverständlich können Sie auch andere Arten von Konfitüre und Frusip's für diese Füllung verwenden.

Marzipankartoffeln mit Ballast

100 g	Marzipanrohmasse
1–2 TL	Frusip's Apfel-Cranberry
1 TL	Apfelfaser
2–3 EL	Puderzucker

Die Zutaten verkneten, kleine Kugeln formen, anschließend noch in Apfelfaser, gehackten Pistazien, Kakaopulver oder einer anderen Substanz wälzen.

Königsberger Marzipan

200 g	Marzipanrohmasse
2–4 TL	Frusip's Marzipan
100 g	Puderzucker
evtl. 1 TL	Gummar HT

Zum Bestreichen:
Eiklar, Eigelb, Puderzuckerglasur

Abb. 24:   Kleine Marzipanäpfelchen können Sie in einer Substanz nach Ihrem Geschmack wälzen. Da nascht auch das Auge mit.

Süße Backwaren haben im Gegensatz zu den vorher beschriebenen Süßigkeiten den Vorteil, daß sie auch Getreide und damit dessen wichtige Inhaltsstoffe enthalten. Außerdem haben wir bei unseren Rezepten in der Regel noch zusätzlich Ballaststoffe hinzugegeben.

Vollkorn-Nußecken

Für den Teig:

ca. 220 g	Weizenvollkornmehl
1	Ei
70 g	Honig oder Apfelsüße HT
130 g	Margarine

Mehl in eine Schüssel geben, in eine Mulde das Ei und den Honig oder die Apfelsüße. Margarineflöckchen an den Rand setzen. Mit der Hand oder dem elektrischen Knethaken einen Mürbeteig kneten und eine halbe Stunde im Kühlschrank kalt stellen, dann läßt er sich nachher leichter ausrollen.

Für den Belag:

6 EL	Kokosraspeln
2 EL	Sesamsamen
2 EL	Sonnenblumenkerne
2 EL	Cashewkerne, gehackt
4 EL	Apfelsüße HT
2–3 EL	Frusip's Orange

Alle Zutaten für den Belag einfach mit einem Löffel vermengen.

Marzipanrohmasse, Frusip's, Puderzucker und eventuell Gummar verkneten und etwa fingerdick ausrollen. Kleine Motive wie Herzen oder Kreise ausstechen. Aus den Marzipanresten dünne Röllchen formen und wie Kordeln auf den Rand der geformten Teile legen. Die Marzipanteile mit verquirltem Eiklar zusammenkleben. Die ganze Oberfläche dann mit Eigelb bestreichen und unter dem vorgeheizten Grill kurz bräunen lassen. So sieht das Königsberger Marzipan schon sehr edel aus.

Besonders dekorativ ist es, zum Schluß in der Mitte der Formen etwas weiße Puderzuckerglasur (restliches Eiklar mit soviel Puderzucker anrühren, daß eine streichfähige Glasur entsteht) zu verteilen und mit kleinen Stückchen von grünem Zitronat und gelbem Orangeat bzw. roten kandierten Kirschen winzige Blüten anzudeuten – ein Blickfang für jeden Konfektteller.

Den Teig auf Backpapier dünn ausrollen und auf ein Backblech legen. Dann den Belag darüber auftragen.

Im vorgeheizten Ofen bei 200°C etwa 20 bis 30 Minuten, mit Heißluft bei 180 °C backen. Aus dem Ofen nehmen und noch warm in kleine Dreiecke schneiden. Sobald sie ausgekühlt ist, läßt sich die Nußmasse nicht mehr schneiden.
Abgekühlte Nußecken halb in die Schokoladenglasur von *Seite 49* tauchen.

Die folgende Mohntorte wird nach dem gleichen Mürbeteigrezept gebacken wie die Vollkorn-Nußecken.

Mohntorte

Für den Teig:

ca. 220 g	Weizenvollkornmehl
1	Ei
70 g	Honig oder Apfelsüße HT
130 g	Margarine

Daraus einen Mürbeteig kneten (siehe *Seite 78*) und eine halbe Stunde im Kühlschrank kalt stellen, dann läßt er sich nachher leichter ausrollen.

Für den Belag:

400 g	frische Mandarinen, Aprikosen oder Äpfel
200 g	Mohnsamen
150 g	Apfelsüße HT
2	Eier
200 g	Schmand
2 EL	Frusip's Mandarine oder Vanille

Abb. 25: Die Mohnsamen machen diese köstliche Mohntorte zu einem gesunden und ballaststoffreichen Gebäck.

Eine gefettete Springform (Durchmesser ca. 24 Zentimeter) mit dem ausgerollten Mürbeteig auskleiden, dann die Fruchtstücke auf den Teigboden legen und die Mohn-Mischung aus Mohnsamen, Apfelsüße, Eiern, Schmand und Frusip's darübergeben.
Im vorgeheizten Backofen bei 180°C etwa 40 bis 50 Minuten, mit Heißluft bei 160°C backen.
Als Variation können Sie statt der Mohnsamen auch geriebene Nüsse aller Art verwenden und beliebige Früchte dazu wählen.

Süße Sesam-Kräcker

2½ EL	Apfelsüße HT
2–3 TL	Frusip's Orange
3 EL	Sesamsamen
2 EL	Sonnenblumenkerne
1 EL	Kokosraspeln

Die Zutaten miteinander verrühren. Auf ein mit Backpapier belegtes Backblech zweimarkstückgroße Kleckse in ca. fünf Zentimeter Abstand setzen und sehr dünn ausstreichen, dann in den vorgeheizten Backofen schieben. Bei 175°C ca. fünf bis zehn Minuten backen. Vorsicht: Die Kräcker verbrennen leicht.
Sie passen als Beilage zu vielen Desserts.

Vollkornkuchen mit Buttermilch

Für den Teig:

250 g	Weizenvollkornmehl
200 g	Roggenvollkornmehl
10 geh. TL (40 g)	Weizenfaser HT
1 leicht geh. EL (10 g)	Weizenkleber HT
40 g	frische Hefe
100 g	Apfelsüße HT
1–2 Meßl.	Konfilight flüssig HT
80 g	Margarine
1	Ei
1 Prise	Salz
250 ml	Buttermilch oder Joghurt

Mehl, Weizenfaser und Weizenkleber werden in einer Rührschüssel mit dem Schneebesen trocken vermischt. In die Mitte eine Vertiefung drücken und die Hefe hineingeben. Einen Eßlöffel der Apfelsüße mit zwei Eßlöffeln lauwarmem Wasser vermischen und auf die Hefe geben. Die Schüssel mit einem Küchentuch abgedeckt 15 Minuten bei Raumtemperatur stehenlassen. Dann die restlichen Zutaten, die möglichst Raumtemperatur haben sollten, mit dem Knethaken eines elektrischen Handrührgerätes unterrühren. Den Teig mit der Hand zu einer Kugel formen und abgedeckt ca. 40 Minuten ruhen lassen.

In dieser Zeit können Sie die Streusel herstellen:

Für die Streusel:

100 g	Apfelsüße HT
1½ EL	Frusip's Mandarine
80 g	Butter
100–130 g	Weizenvollkornmehl
2 EL (10 g)	Weizenfaser HT

Verkneten Sie alle Zutaten mit der Hand oder dem Rührbesen des elektrischen Handrührgerätes. Dabei entstehen die typischen Streusel. Zum Aromatisieren können Sie nach Geschmack Frusip's Mandarine, Vanille, Marzipan oder Zitrone/Limette verwenden.

Den Hefeteig nach der Ruhepause gründlich durchkneten – entweder mit der Hand oder dem elektrischen Rührgerät. Zum Schluß wieder von Hand eine Kugel formen und diese Teigkugel in eine gefettete Springform (Durchmesser 24 bis 26 Zentimeter) legen. Die Kugel leicht in die Form drücken, die Oberfläche dünn mit Aprikosen- oder Kirschmarmelade bestreichen und die Streusel darübergeben. Abgedeckt nochmals 30 Minuten gehen lassen und dann in den vorgeheizten Backofen schieben. Bei 200 °C etwa 45 Minuten backen, dann herausnehmen und auf einem Kuchengitter auskühlen lassen.

Der Kuchen hat einen Ballaststoffgehalt von fast acht Prozent.

Abb. 26: Zutaten miteinander verrühren, auf ein Backblech ausstreichen und zehn Minuten backen – fertig sind die Kokosflorentiner.

Streuselteilchen

Besonders lecker werden Streuselteilchen. Dazu wird der Teig nach dem zweiten Kneten in mehrere Stücke geteilt und ausgerollt. Dann mit Marmelade oder einer Marzipanfüllung (siehe *Seite 77*) bestreichen und mit den Streuseln bestreuen.

Kokosflorentiner

4 EL	Kokosraspeln
2 EL	Sesamsamen
2 EL	Sonnenblumenkerne
4 EL	Mandeln, gehackt
5 EL	Apfelsüße HT
2–3 EL	Frusip's Orange oder Marzipan
1 EL	Mehl

Zutaten miteinander verrühren. Auf ein mit Backpapier ausgelegtes Backblech runde Kleckse flach ausstreichen. Bei 175 °C ca. sechs bis zehn Minuten backen. Sollten die Florentiner ineinanderlaufen, noch im warmen Zustand auseinanderschneiden.

Die folgende Torte wird in einer relativ kleinen Springform gebacken.

Joghurt-Torte

Für den Teig:

2	Eiklar
7 EL (70 g)	Apfelsüße HT
1 TL	Frusip's Zitrone/Limette
2 geh. EL (20 g)	Oligofruct HT
2	Eigelb
100 g	Weizenvollkornmehl
1–2 TL	Backpulver

Eiklar zu Schnee schlagen und währenddessen die Apfelsüße langsam zugeben. Einen Teelöffel Frusip's Zitrone/Limette und das Oligofruct mit dem Eigelb verrühren und die Mischung in drei Portionen unter den Eischnee ziehen. Mehl und Backpulver trocken vermischen, über die Eimasse sieben und vorsichtig mit dem Löffel unterheben. Eine Springform (Durchmesser 24 bis 26 Zentimeter) fetten und den Teig hineinfüllen. Im vorgeheizten Backofen bei 180 °C ca. 25 bis 30 Minuten backen.

Abb. 27:   Die fruchtige Joghurt-Torte ist leichter herzustellen, als sie aussieht.

Für die Füllung:

6–8 EL	Milch
2 EL (20 g)	Gelatine
1 TL	Konfilight flüssig HT
300 g	Beeren
2–3 EL	Frusip's Cassis
250 g	Joghurt
250 g	Magerquark
200 g	süße Sahne

Die Milch aufkochen, vom Feuer ziehen und die Gelatine mit dem Schneebesen einrühren, ca. zwei Minuten rühren, bis sich alles gelöst hat, dann Konfilight zugeben. Beeren und Frusip's zunächst mit dem Joghurt und dem Quark verrühren, die Raumtemperatur haben sollten. Danach mit dem Schneebesen die heiße Gelatinemischung unter die Joghurt-Quark-Masse rühren. Wenn die Gelatine zu schnell abkühlt, können sich Klümpchen bilden. Stellen Sie die Masse kalt, bis sie halbfest wird. Die vorher gut gekühlte Sahne wird geschlagen und wieder kalt gestellt.

Dann schneiden Sie den gebackenen Biskuit in der Mitte einmal auf. Wenn Sie kein großes Messer haben, genügt es auch, am Rand eine Seite anzuschneiden und den Rest mit einem dünnen Faden (das kann doppeltes Nähgarn sein) zu schneiden. Den unteren Boden geben Sie auf eine Tortenplatte und setzen einen Tortenrand auf, der höher als der Rand der Springform ist.

Sobald die Quarkmasse etwas angedickt ist, können Sie die Schlagsahne unterziehen und etwa die Hälfte bis ein Drittel auf den Biskuit-Boden geben. Dann den zweiten Boden darauf legen und die restliche Masse darauf verteilen. Mit frischen Früchten fertig dekorieren und im Kühlschrank fest werden lassen. Als weitere Dekoration empfehlen wir Blättchen von frischer Minze oder Zitronenmelisse.

Spekulatius

400 g	Weizenmehl, hell
3 EL	(15 g) Weizenfaser HT
2 EL	(15 g) Gummar HT
180 g	Puderzucker oder Sorbit
2 TL	Zimt, gemahlen
½ TL	Nelken, gemahlen
1	Ei
4 EL	Frusip's Marzipan
140 g	Butter

Die Rezeptmenge ergibt etwa fünf bis sechs Bleche mit Spekulatius.
Zunächst Weizenmehl, Weizenfaser, Gummar, Puderzucker, Zimt- und Nelkenpulver in einer Schüssel mit dem Schneebesen trocken vermischen. Dann Ei und Frusip's in die Mitte geben und Butterflöckchen am Rand verteilen. Mit dem Knethaken des elektrischen Handrührgerätes oder von Hand den Mürbeteig kneten. Anstelle von Zimt- und Nelkenpulver können Sie auch fertig gemischtes Spekulatiusgewürz verwenden. Wenn der Teig zu weich zum Aus-

Abb. 28:   Besonders schöne Ergebnisse erzielen Sie, wenn Sie mit einer Springerle-Rolle den Spekulatiusteig verarbeiten.

rollen ist, geben Sie ihn 30 Minuten in den Kühlschrank, dann wird er fester.

Wenn Sie echte Spekulatiusmodeln aus Holz haben, bemehlen Sie diese und drücken den ausgerollten Teig hinein. Die Teigoberfläche mit dem Messer glattschneiden, den Teig wieder aus der Form schlagen und aufs Backpapier legen. Mandelspekulatius erhalten Sie, wenn Sie das Backpapier vorher mit Mandelblättchen bestreuen. Spekulatius können Sie aber auch mit normalen Ausstechförmchen backen. Mit einer schönen alten Springerle-Rolle geht es besonders gut. Springerle sind eigentlich ein etwas aufwendig herzustellendes Gebäck mit Eischnee – ähnlich wie Makronen. Mit einer Springerle-Rolle walzt man einfach über den bereits ausgerollten Teig. Anschließend schneidet man die Teigstücke auseinander. Gebacken werden die Spekulatius im vorgeheizten Backofen etwa 10 bis 15 Minuten bei 190 bis 200°C.

Der Spekulatiusteig soll sehr feinkörnig werden, deshalb verwenden wir hier Puderzucker und verzichten außerdem auf Vollkornmehl. Statt dessen sind die Ballaststoffe Gummar und Weizenfaser im Teig enthalten. Dieser Spekulatius enthält ca. fünf Prozent Ballaststoffe und ca. 400 kcal pro 100 Gramm. Durch die Verwendung von Sorbit verringert sich der Kaloriengehalt auf ca. 360 kcal pro 100 Gramm. Wer es gerne besonders süß mag, kann zum Teig mit Sorbit noch eine Messerspitze Konfilight-Pulver geben.

Vanille-Kipferl

150 g	Weizenmehl, hell
2 EL	(15 g) Weizenfaser HT
70 g	Zucker oder Sorbit
30 g	Mandeln, gemahlen
1	Ei
2 EL	Frusip's Vanille
80 g	Butter

Weizenmehl, Weizenfaser, Zucker und gemahlene Mandeln mit dem Schneebesen in einer Schüssel trocken durchmischen. In die Mitte das Ei und Frusip's Vanille geben, die Butterflöckchen am Rand verteilen. Mit dem Knethaken des Handrührgerätes oder von Hand einen Teig kneten. Wenn Sie mit Sorbit backen, geben Sie eine kleine Messerspitze Konfilight-Pulver hinzu. Wenn Sie den Teig abgedeckt 30 Minuten in den Kühlschrank stellen, klebt er weniger

und läßt sich leichter ausrollen. Den Teig zu einer dünnen Rolle formen und ca. drei Zentimeter lange Stückchen abschneiden. Daraus die Kipferl formen, indem Sie die Enden dünner rollen. Auf ein mit Backpapier belegtes Backblech legen. Die Oberfläche mit Eiklar bestreichen und Puderzucker oder Isomalt darübersieben. Dann bei 180°C ca.15 bis 20 Minuten backen. Die Kipferl gehen dabei etwas auf.

Unserer Meinung nach gelingen die Vanille-Kipferl mit hellem Weizenmehl einfach typischer als mit Vollkornmehl. Durch die Zugabe der Weizenfaser haben sie einen Ballaststoffgehalt von etwa fünf Prozent. Der Kaloriengehalt liegt bei ca. 400 kcal pro 100 Gramm, beim Backen mit Sorbit nur bei 370 kcal pro 100 Gramm.

Spritzgebäck

100 g	Butter
70 g	Puderzucker
evtl. 1 EL	Oligofruct HT
1	Ei
2 EL	Frusip's
1½ EL	Weizenfaser
1 TL	Backpulver
200 g	Weizenmehl

Zunächst die Butter mit dem Knethaken des elektrischen Handrührgerätes schaumig rühren, Puderzucker und eventuell Oligofruct hineinsieben. Dann das Ei und Frusip's nach Geschmack zugeben. Gut geeignet sind neben Frusip's Marzipan oder Vanille auch fruchtige Sorten,

zum Beispiel Rote Traube oder Mandarine. Damit bekommt der Teig eine abwechslungsreiche Farbe, was besonders Kindern gefällt. Aber auch Frusip's Zitrone/Limette oder Orange passen gut zum Spritzgebäck.

Zum Schluß sieben Sie die Mischung aus Weizenfaser, Backpulver und Weizenmehl in den Teig. Mit einem entsprechenden Spritzbeutel spritzt man dann Formen auf Backpapier. Zum Herstellen von großen Mengen Spritzgebäck gibt es entsprechende Aufsätze für den Fleischwolf. Bei 180°C ca.10 bis 15 Minuten backen. Auskühlen lassen und die Enden des Gebäckes in Schokoladenglasur (siehe *Seite 49*) tauchen.

Schokoladentörtchen

130 g	Honig
80 g	Zucker
40 g	Butter
80 g	Rosinen
40 g	Mandeln, gehackt
4 EL	Frusip's Orange oder Nougat
evtl. ⅓ TL	Zimt, gemahlen
1	Ei
160 g	Weizenmehl
20 g	Apfelfaser HT
1 Päck.	Backpulver
20 g	Kakaopulver

Zum Bestreichen:

70 g	Aprikosenmarmelade
1 EL	Wasser
150 g	Schokoladenglasur

Abb. 29:   Besonders lecker wird Spritzgebäck, wenn Sie die Plätzchen mit Schokoladenglasur verzieren.

Die Aprikosenmarmelade mit etwas Wasser streichfähiger machen und die Törtchen von außen damit dünn bestreichen. Sie können die Törtchen oben zusätzlich mit einer ausgerollten Schicht Marzipan (Herstellung siehe *Seite 77*) als Abdeckung verfeinern. Zum Schluß werden sie mit der im Wasserbad erwärmten Schokoladenglasur (siehe *Seite 49*) überzogen und dekoriert. Wenn Sie zwölf Törtchen aus der Teigmasse backen, hat jedes ohne Marzipan ca. 300 kcal, das sind 390 kcal pro 100 Gramm. Der Ballaststoffgehalt beträgt immerhin noch drei Prozent.

Weihnachtliche Schokoladentörtchen

Mit den richtigen Gewürzen können Sie die oben beschriebenen Schokoladentörtchen zu leckerem Weihnachtsgebäck abwandeln.
Geben Sie dazu mit den Frusip's einen halben Teelöffel Zimtpulver, eine Messerspitze Nelkenpulver und eine Messerspitze Kardamom zu. Sie können statt dessen auch einfach einen halben Teelöffel Lebkuchengewürz verwenden. Nach Geschmack können Sie noch 50 Gramm Zitronat und einen Tropfen Rosenwasserkonzentrat HT zufügen. Die Herstellung erfolgt wie bei „Schokoladentörtchen" *links* beschrieben.

Zum Schluß noch ein köstlicher Brotaufstrich, der sich auch sehr gut als Tortenfüllung verwenden läßt.

Honig, Zucker und Butter aufkochen und vom Feuer ziehen. Rosinen und Mandeln unterrühren und auf Handwärme abkühlen lassen. Dann Frusip's und eventuell Zimt zugeben. Anstelle von Frusip's Orange und Nougat sind auch Zitrone/Limette, Marzipan, Vanille, Karamel, Walnuß oder Cappuccino geeignet. Mit dem elektrischen Handrührgerät verrühren. Zum Schluß das Ei und die trockene Mischung aus Mehl, Apfelfaser, Backpulver und Kakaopulver in den Teig unterrühren.

Geben Sie den Teig in gefettete oder antihaft-beschichtete Förmchen. Im Handel gibt es spezielle Muffin-Formen, die hierzu besonders gut geeignet sind. Die Formen werden nur zur Hälfte gefüllt und im vorgeheizten Backofen bei 180 °C ca. 20 Minuten gebacken. Anschließend auf einem Gitter auskühlen lassen.

Abb. 30:   Wer kann diesen wunderschön verzierten Schokoladentörtchen schon widerstehen?

Schokoladen-Nougat-Creme

100 ml	Milch
½ Meßl.	(1 g) Konjac-Konzentrat HT
1–2 TL	Inulin 90 HT
evtl. 1 Msp.	Konfilight HT
100 g	Vollmilchschokolade
1–2 EL	Frusip's Nougat oder Marzipan
1 EL	Frusip's Walnuß oder Orange

Die Milch einmal kurz aufkochen lassen und vom Feuer ziehen. Konjac-Konzentrat und Inulin zuerst trocken vermischen und dann mit dem Schneebesen in die Milch rühren. Eventuell Konfilight zugeben. Die Schokolade in Stücke brechen und unterrühren, bis sich alles gleichmäßig gelöst hat. Zum Schluß Frusip's zugeben.

Die Creme in ein kleines Gläschen füllen und im Kühlschrank aufbewahren. Sie läßt sich natürlich auch mit weißer oder Zartbitter-Schokolade herstellen und hat einen Ballaststoffgehalt von etwa zwei bis vier Prozent. 100 Gramm dieser Schoko-Creme haben etwa 290 kcal, handelsübliche Nuß-Nougat-Cremes enthalten dagegen über 500 kcal pro 100 Gramm.

Aus der Creme wird eine Tortenfüllung, wenn Sie die noch handwarme frische Creme mit 150 bis 200 Gramm Quark mischen und zusätzlich mit etwas Frusip's aromatisieren. Die Creme im Kühlschrank fest werden lassen und dann in die aufgeschnittene Torte streichen.

Register

Bezugsquellen für Hobbythekprodukte

ALPHA-Apotheke, 47167 Duisburg, Lehrerstr. 5-7, Tel. 0203-99485-0, Fax 0203-9948511.

BEATES NATURLADEN, 72116 Mössingen, Falltor-Str. 80, Tel. 07473-272682, Fax 07473-272471.

*BIOTHEK, 74348 Lauffen a. N., Brückenstr. 19, Tel. 07133-22544.

*C & M DIE ÖKOTHEK, 73430 Aalen, Spitalstr. 14, Tel./Fax 07361-680176.

*CARLOTTA NATURA, 73312 Geislingen, Mühlstr. 24, Tel./Fax 07331-69518.

CLEOPATRA-Colimex, 63739 Aschaffenburg, Steingasse 37, Tel./Fax 06021-26464.

*COLIMEX Zentrale – Lagerverkauf, 50996 Köln, Ringstr. 46, Tel. 0221-352072, Fax 0221-352071; Auslieferungsläden: 32312 Lübbecke, Lange Str. 1, in Stern-Apotheke, Tel. 05741-7707, Fax 05741-40405; 33102 Paderborn, Bahnhofstr. 18, in St.-Christophorus-Drogerie, Tel. 05251-105213, Fax 05251-105252; 41812 Erkelenz, P.-Rüttchen-Str., im Kontra-Center, Tel. 02431-81071, Fax 02431-72674; 42105 Wuppertal, Rathaus-Galerie, Karlsplatz 3, Tel. /Fax 0202-443988; 42853 Remscheid, Alleecenter, Allee Str. 74, Tel./Fax 02191-927963; 46236 Bottrop, Poststr. 9; 47798 Krefeld, Ostwall 146, im Kräuterdepot, Tel. 02151-615648, Fax 02151-67482; 48529 Nordhorn, Hauptstr. 47, Tel. 05921-721072, Fax 05921-721021; 50171 Kerpen, Eingang Kaufhalle, Sindorfer Str./Philipp-Streicher-Str.; 50226 Frechen, Hauptstr. 99-103, Marktpassage; 50321 Brühl, Mühlenstr. 37, Tel./Fax 02232-47550 ; 50354 Hürth, Hürth-Park Einkaufszentrum, Theresienhöhe, Tel./Fax 02233-708538; 50667 Köln (City), Brüderstr. 7, Tel./Fax 0221-2580862; 50858 Köln, Rhein-Center Köln Weiden, Aachener Str. 1253, Tel./Fax 02234-709266; 51465 Bergisch Gladbach, Eingang Kaufhalle, Richard-Zanders-Str./Refrather Weg, Tel./Fax 02202-43103;. 51643 Gummersbach, Wilhelmstr. 7, in Vollkorn-Naturwarenhandel, Tel. 02261-64784, Fax 02261-64555; 52062 Aachen, Peterstr. 10, Tel./Fax 0241-30327; 52428 Jülich, Am Markt 2, in Parfümerie am Markt, Tel./Fax 02461-2580; 53111 Bonn, Brüdergasse 4, Tel./Fax 0228-659698; 53474 Bad Neuenahr, Kurgartenstr. 10, Tel. 02641-200051; 53721 Siegburg, Am Brauhof 4, Laden Nr. 2; 53797 Lohmar, bei Broich-Weber, Breitersteegsmühle 1, Tel. 02246-4245, Fax 02246-16418; 57462 Olpe, Bruchstr. 13, Tel./Fax 02761-5190; 94082 Passau, Am Schanzl 10, in Turm-Apotheke, Tel. 0851-33377, Fax 0851-32109; 95444 Bayreuth, Maxstr. 16, in Schloßapotheke, Tel. 0921-65767, Fax 0921-65777.

*DUFT & SCHÖNHEIT, 80331 München, Sendlinger Str. 46, Tel./Fax 089-2609941.

HELGAS HOBBY SHOP, 63584 Gründau, Gartenstr. 19, Tel. 06058-2135.

*HEXENKÜCHE, 82152 Krailling, Luitpoldstr. 25, Tel. 089-8593135, Fax 089-8593136.

HOBBYTEE PALIC, 63452 Hanau, Fahrstr. 14, Tel. 06181-256463.

*JANSON GmbH, 76133 Karlsruhe, Kaiserpassage 16, Tel. 0721-26410, Fax 0721-27780.

KOSMETIK-SHOP LAVENDULA, 49090 Osnabrück, Natruper Str. 128, Tel./Fax 0541-683472.

MARGOT'S BIOECKE, 51143 Köln-Porz, Josefstr./Ladenzeile Busbahnhof, Tel.02203-55242, Fax 02203-57307.

MCQUEENS NATURSHOP, 22880 Wedel, EKZ Rosengarten 6b, Tel. 04103-14950.

NATUR PUR, 06108 Halle, Schülershof 1, Tel. 0345-2032285.

NATUR UND HOBBYLADEN, Petra Stephan, 91710 Gunzenhausen, Strittstr. 4, Tel. 09831-8574, Fax 09831-8566.

*NATURWARENLADEN LÖSCHNER, 97447 Gerolzhofen, Weiße-Turm-Str. 1, Tel. 09382-4115; Fax 09382-5692.

NATUWA, 73635 Rudersberg-Schlechtbach, Bahnhofsplatz 41, Tel. 07183-8565, Fax 07183-37310.

PAPILLON – Die andere Pflege, 71063 Sindelfingen, Lützelwiesenstr. 17, Tel./Fax 07031-800774.

*PURA NATURA, 90402 Nürnberg, Johannesgasse 55, Tel. 0911-209522.

*SPINNRAD GMBH/ZENTRALE, 45886 Gelsenkirchen, Am Luftschacht 3a, Tel. 0209-17000-0, Tx. 824726 natur d, Fax. 0209-17000-40; Auslieferungsläden: 01219 Dresden-Nickern, Kaufpark, Dohnaer Str. 246, Tel. 0351-2882089; 04105 Leipzig, DLZ im Hauptbahnhof; 04329 Leipzig, Paunsdorf-Center, Paunsdorfer Allee 1, Tel. 0341-2518906; 06254 Günthersdorf, Saale Park, Tel. 03463-820803; 07743 Jena, Goethe Galerie/Goethestr., neben HV Jena Optik, Tel. 03641-890906; 09125 Chemnitz, Alt-Chemnitz Center, Annaberger Str. 315, Tel. 0371-514226; 10247 Berlin, Frankfurter Allee 53, Tel. 030-4276161; 10719 Berlin-Wilmersdorf, Uhlandstr. 43-44, Tel. 030-8814848; 10789 Berlin, Europacenter/Breitscheidplatz, Tel. 030-2616106; 12163 Berlin-Steglitz, Forum Steglitz, Schloßstr. 1, Tel. 030-7911080; 12351 Berlin-Gropiusstadt, EKZ Gropius-Passagen, Johannisthaler Chaussee 295-327, Tel. 030-6030462; 12555 Berlin Köpenick, EKZ Forum, Bahnhofstr.; 12619 Berlin-Hellersdorf, Spree-Center, Hellersdorfer Str. 79-81, Tel. 030-5612081; 13357 Berlin-Wedding, Gesundbrunnen-Center, Badstr./Brunnenstr./Brehmstr.; 15745 Wildau, A10-Center, Chaussee Str. 1, Tel. 03375-504696; 16303 Schwedt/Oder, Oder Center Schwedt, Landgrabenplatz 1, Tel. 03332-421942; 18055 Rostock, EKZ Rostocker Hof/Kröpeliner Str., Tel. 0381-4923281; 20146 Hamburg, Grindelallee 42, Tel. 040-4106096; 21335 Lüneburg, Grapengießer Str. 25, Fußgängerzone, Tel. 04131-406427; 22111 Hamburg-Billstedt, Billstedt-Center, Billstedter Platz, Tel. 040-73679808; 22143 Hamburg-Rahlstedt, Rahlstedt-Center, Schweriner Str. 8-12, Tel. 040-6779044; 22765 Hamburg-Ottensen, Mercador-Center, Ottenser Hauptstr. 8, Tel. 040-392310; 22850 Norderstedt, Herold Center, Berliner

Allee 38-44a, Tel. 040-52883730; 23552 Lübeck, Mühlenstr. 11, Tel. 0451-7063307; 24103 Kiel, Holstenstr. 34, Holstenbrücke, Ahlmann-Haus, Tel. 0431-978728; 24534 Neumünster, Marktpassage EKZ, Großflecken 51-53, Tel. 04321-41633; 24937 Flensburg, Große Str. 3, Tel. 0461-13761; 25524 Itzehoe, Holstein-Center, EKZ, Feldschmiedekamp 6, Tel. 04821-65106; 26122 Oldenburg, Gaststr. 26, Fußgängerzone, Tel. 0441-25493; 26382 Wilhelmshaven, Nordseepassage, Bahnhofsplatz 1, Tel. 04421-455308; 26506 Norden, Neuer Weg 38, Fußgängerzone, Tel. 04931-992859; 27568 Bremerhaven, Bürgermeister-Smidt-Str. 53, Fußgängerzone, Tel. 0471-44203; 27749 Delmenhorst, City Point/Karstadt, Lange Str. 96, Tel. 04221-129331; 28195 Bremen, Bremer Carré, Obernstr. 67, Tel. 0421-1691932; 28203 Bremen, Ostertorsteinweg 42/43, Tel. 0421-3399043; 30159 Hannover, Georgstr. 7, Fußgängerzone, Tel. 0511-7000815; 30823 Garbsen, Nord-West-EKZ, im Realkauf, Tel. 05131-95769; 30853 Langenhagen, City-Center, neben City-Apotheke, Marktplatz 5, Tel. 0511-7242488; 30880 Laatzen, Leine EKZ, Marktplatz 2, Tel. 0511-8236700; 31134 Hildesheim, Angoulemeplatz 2, Fußgängerzone, Tel. 05121-57311; 32052 Herford, Lübbestr. 12-20, Fußgängerzone, Tel. 05221-529654; 32423 Minden, Bäckerstr. 72, Ende Fußgängerzone, Tel. 0571-87580; 32756 Detmold, Lange Str. 32, Tel. 05231-37695; 33098 Paderborn, EKZ/Königsplatz 12, Fußgängerzone, Tel. 05251-281759; 33330 Gütersloh, Münsterstr. 6, Tel. 05241-237071; 33602 Bielefeld, Marktpassage/EG, Bahnhofstr., Tel. 0521-66152; 34117 Kassel, Untere Königstr. 52; Fußgängerzone, Tel. 0561-14339; 35390 Gießen, Kaplansgasse 2-4, Tel. 0641-792393; 35576 Wetzlar, Langgasse 39, Tel. 06441-46952; 36037 Fulda, City-Haus/Laden 6, Bahnhofstr. 4, Tel. 0661-240638; 37073 Göttingen, Gronerstr. 57/58, Tel. 0551-44700; 38100 Braunschweig, Sack 2; 38100 Braunschweig, Vor der Burg 8, Fußgängerzone Innenstadt, Tel. 0531-42032; 38440 Wolfsburg, Südkopfcenter, Porschestr. 102, Tel. 05361-15004; 38640 Goslar, Kaiserpassage, Breite Str. 98, Tel. 05321-43963; 39104 Magdeburg, City Carré, Bahnhofstr. 4; 39326 Hermsdorf, Elbe Park EKZ, Tel. 039206-52207; 40212 Düsseldorf, Schadowstr. 80, Tel. 0211-357105; 40217 Düsseldorf, Friedrichstr. 12; 40721 Hilden, Bismarckpassage, zwischen Mittelstr. und Warington-Platz, Tel. 02103-581937; 40878 Ratingen, Oberstr. 29, Fußgängerzone, Tel. 02102-993801; 41061 Mönchengladbach, Hindenburgstr. 173, Fußgängerzone, Tel. 02161-22728; 41236 Mönchengladbach-Rheydt, Galerie am Marienplatz, Stresemannstr. 1-7, Tel. 02166-619739; 41460 Neuss, Oberstr./Ecke Zollstr., Fußgängerzone, Tel. 02131-276708; 41539 Dormagen, Kölner Str. 98, Rathaus-Galerie, Tel. 02133-49045; 41747 Viersen, Hauptstr. 85, Fußgängerzone, Tel. 02162-350549; 42103 Wuppertal-Elberfeld, Herzogstr. 28, Fußgängerzone, Tel. 0202-441281; 42275 Wuppertal-Barmen, Alter Markt 7, Am Kaufhof, Tel. 0202-551753; 42551 Velbert, Friedrichstr. 168, Fußgängerzone, Tel. 02051-52727; 42651 Solingen, Hauptstr. 28, Fußgängerzone, Tel. 0212-204041; 42853 Remscheid, Alleestr. 30, Fußgängerzone, Tel. 02191-420867; 44135 Dortmund, Lütge-Brück-Str. 12, Ecke Bissenkamp, Tel. 0231-578936; 44532 Lünen, Lange Str. 32; 44575 Castrop-Rauxel, EKZ Widumer Platz, Tel. 02305-27215; 44623 Herne, Bahnhofstr. 45, Fußgängerzone/Ecke Neustr., Tel. 02323-53021; 44787 Bochum, Kortumstr. 33, Fußgängerzone, Tel. 0234-66123; 44791 Bochum, Ruhrpark Shopping Center, Tel. 0234-238516; 44801 Bochum, Uni-Center, Querenburger Str., Tel. 0234-708678; 45127 Essen, City-Center, Porscheplatz 21, Tel. 0201-221295; 45276 Essen-Steele, Bochumer Str. 16, Fußgängerzone, Tel. 0201-512104; 45329 Essen-Altenessen, EKZ Altenessen, Altenessener Str. 411, Tel. 0201-333617; 45468 Mülheim, Forum City, Hans-Böckler-Platz 10, Tel. 0208-34907; 45472 Mülheim, Rhein-Ruhr-Zentrum, Eingang Süd Z1, Tel. 0208-498192; 45525 Hattingen, Obermarkt 1, Fußgängerzone, Tel. 02324-55691; 45657 Recklinghausen, Kunibertstr. 28, Am Kuni-Tor, Fußgängerzone, Tel. 02361-24194; 45768 Marl, EKZ Marler Stern, Obere Ladenstr. 68, Tel. 02365-56429; 45879 Gelsenkirchen, Klosterstr. 13, Tel. 0209-208963; 45897 Gelsenkirchen-Buer, Horsterstr. 4, Tel. 0209-398889; 45964 Gladbeck, Hochstr. 29-31, Fußgängerzone, Tel. 02043-21293; 46047 Oberhausen, CentrO, CentrOallee 150, Neue Mitte Oberhausen, Tel. 0208-21970; 46049 Oberhausen, Bero-Center 110, Eingang Nord 1, Tel. 0208-27065; 46236 Bottrop, Kirchplatz 4, Fußgängerzone, Tel. 02041-684484; 46282 Dorsten, Recklinghäuser Str. 4, Tel. 02362-45748; 46397 Bocholt, Osterstr. 51, Fußgängerzone, Tel. 02871-186024; 46483 Wesel, Hohe Str. 26, Fußgängerzone, Tel. 0281-34794; 46535 Dinslaken, Neustr. 31-33, Tel. 02064-72328; 47051 Duisburg, Königstr. 42, Fußgängerzone, Tel. 0203-284497; 47441 Moers, EKZ Neumarkt-Eck, am Rathaus, Tel. 02841-23771; 47798 Krefeld, Hansa Zentrum 42/43, am Hauptbahnhof, Tel. 02151-395635; 47798 Krefeld, Neumarkt 2, Tel. 02151-22547; 48143 Münster, Ludgeristr. 114, Tel. 0251-42352; 48282 Emsdetten, EKZ mit Kino, Bahnhofstr. 2-8, Tel. 02572-88447; 48431 Rheine, Münsterstr. 6, Fußgängerzone, Tel. 05971-13548; 48653 Coesfeld, Schüppenstr. 12, Tel. 02541-82747; 49074 Osnabrück, Große Str. 84-85, Neue Passage, Tel. 0541-201373; 50672 Köln, Bazaar de Cologne/Mittelstr. 12-14, Tel. 0221-256606; 50678 Köln-Südstadt, Severinstr. 53, Tel. 0221-3100018; 50765 Köln, City Center Chorweiler, Mailänder Passage 1, Tel. 0221-7088940; 50823 Köln-Ehrenfeld, Venloer Str. 336, Tel. 0221-5103342; 51373 Leverkusen, Hauptstr. 73, Fußgängerzone, Tel. 0214-403131; 51643 Gummersbach, Wilhelmstr. 7, Vollkorn Naturwaren, Tel. 02261-64784; 52062 Aachen, Rethelstr. 3, Ecke Büchel, am Markt, Tel. 0241-25254; 52062 Aachen, Adalbertstr. 110, Tel. 0241-20453; 52072 Siegen, Marburger Str. 34, Tel. 0271-54540; 52222 Stolberg, Rathausgalerie, Steinweg 83-89, Tel. 02402-21245; 52249 Eschweiler, Grabenstr. 66, Fußgängerzone, Tel. 02403-15286; 52349 Düren, Josef-Schregel-Str. 48, Tel. 02421-10082; 53111 Bonn, Poststr. 4, am Hauptbahnhof, Tel. 0228-636667; 53177 Bonn Bad Godesberg, Theaterplatz 2, Tel. 0228-351075; 53757 St. Augustin, Huma EKZ, Rathausallee 16, Tel. 02241-27040; 53879 Euskirchen, Kino-Center-Galeria, Berliner Str./Ecke Kapuziner Str., Tel. 02251-782191; 54290 Trier, Fleischstr. 11, Fußgängerzone, Tel. 0651-48237; 55116 Mainz-Altstadt, Kirschgarten 4, Tel. 06131-228141; 55116 Mainz, Lotharstr. 9, Tel. 06131-238373; 56068 Koblenz, Löhrstr. 16-20, Fußgängerzone, Tel. 0261-14925; 56564 Neuwied, Langendorfer Str. 111, Fußgängerzone, Tel. 02631-357661; 58095 Hagen, Elberfelder Str. 64, Tel. 02331-17438; 58452 Witten, Bahnhofstr. 38, Fußgängerzone, Tel. 02302-275122; 58511 Lüdenscheid, EKZ Stern Center/Eingang Altenaer Str., Tel. 02351-22907;

58636 Iserlohn, Alter Rathausplatz 7, Tel. 02371-23296; 59065 Hamm, Bahnhofstr. 1c, Tel. 02381-20245; 59174 Kamen, Weststr. 16; 59227 Ahlen, Oststr. 44, Fußgängerzone, Tel. 02382-806677; 59555 Lippstadt, Lippe-Galerie/Eingang Kahlenstr./Langestr., Tel. 02941-58332; 60311 Frankfurt, Kaiserstr. 11, Tel. 069-291481; 60439 Frankfurt, Nord-West-Zentrum, Tituscorsostr. 2b, Tel. 069-584800; 63065 Offenbach, Herrenstr. 37, Fußgänger-zone, Tel. 069-825648; 63739 Aschaffenburg, City-Galerie, Goldbachstr. 2, Tel. 06021-12662; 64283 Darmstadt, Wilhelminenpassage, Tel. 06151-22078; 64283 Darmstadt, Wilhelminenstr. 2, Fußgängerzone, Tel. 06151-294525; 65183 Wiesbaden, Mauritius Galerie 2, Tel. 0611-378166; 65549 Limburg, Bahnhofstr. 4; 66111 Saarbrücken, Dudweilerstr. 12, Tel. 0681-3908994; 66424 Homburg/Saar, Saarpfalz-Center, Talstr. 38a, Tel. 06841-5351; 67059 Ludwigshafen, Bismarckstr. 106, Fußgängerzone, Tel. 0621-526664; 67547 Worms, Obermarkt 12, Obermarkt/Hafergasse, Tel. 06241-88462; 67655 Kaiserslautern, Pirmasenser Str. 8, Fußgängerzone, Tel. 0631-696114; 68159 Mannheim, Kurpfalzpassage, Tel. 0621-154662; 69115 Heidelberg, "Das Carre", Rohrbacher Str. 6-8d, Tel. 06221-166825; 70173 Stuttgart, Lautenschlagerstr. 3, am Hauptbahnhof, Tel. 0711-291469; 70372 Stuttgart-Bad Cannstatt, Bahnhofstr. 1-5, Fußgängerzone, Tel. 0711-562113; 71084 Böblingen, Kaufzentrum, Sindelfinger Allee, Tel. 07031-233664; 71638 Lud-wigsburg, Marstall-Center, Fußgängerzone, Tel. 07141-902879; 72070 Tübingen, Kirchgasse 2, Fußgängerzone, Tel. 07071-52571; 72764 Reutlingen, Metzgerstr. 4, Tel. 07121-320415; 73430 Aalen, Marktplatz 20, Tel. 07361-66543; 73728 Esslingen, Roßmarkt 1, Fußgängerzone, Tel. 0711-350199; 73733 Esslingen, Neckar-Center, Weilstr. 227, Tel. 0711-386905; 74072 Heilbronn, Sülmerstr. 34, Fußgängerzone, Tel. 07131-962138; 75172 Pforz-heim, Bahnhofstr. 10, Tel. 07231-353071; 76133 Karlsruhe, Kaiserstr. 170, Tel. 0721-24845; 76829 Landau, Rathausplatz 10, Fußgängerzone, Tel. 06341-85818; 77652 Offenburg, Steinstr. 28, Fußgängerzone, Tel. 0781-1665; 78050 Villingen-Schwenningen, Niedere Str. 37, Tel. 07721-32575; 78224 Singen, Scheffelstr. 9, Fußgängerzone, Tel. 07731-68642; 78462 Konstanz, Hussenstr. 24, Fußgängerzone, Tel. 07531-15329; 78532 Tuttlingen, Hecht Carré, Königstr. 2, Fußgängerzone Marktplatz, Tel. 07461-76961; 79098 Freiburg, Oberlindenpassage, Herrenstr. 49, Tel. 0761-381213; 80331 München, Assamhof, Sendlingerstr. 66, Tel. 089-264159; 80797 München-Nordbad, Schleißheimer Str. 100/Ecke Görrestr., Tel. 089-1238685; 83022 Rosenheim, Stadtcenter/Kufsteiner Str. 7/Brixstr., Tel. 08031-33536; 83278 Traunstein, Maxstr. 33, Tel. 0861-69506; 85057 Ingolstadt, Am West Park 6, Nähe Klinikum, Tel. 0841-87822; 86150 Augsburg, Viktoriapassage, Bahnhofstr. 26-30, Tel. 0821-155482; 87435 Kempten, Fischersteige 4, Tel. 0831-24503; 88212 Ravensburg, Eisenbahnstr. 8, Tel. 0751-14489; 89073 Ulm, Neue Str. 93, Tel. 0731-60909; 89077 Ulm, Blautal Center, Blaubeurer Str. 95; 89231 Neu Ulm, Mutschler Center, Borsigstr. 15, Tel. 0731-723023; 90402 Nürnberg, Grand Bazar, Karolinenstr. 45/Ecke Krebs- und Brunnengasse, Tel. 0911-232533; 90403 Nürnberg, Pfannenschmiedgasse 1, Fußgängerzone, Tel. 0911-2448834; 90762 Fürth, City-Center, Alexanderstr. 11, Tel. 0911-773663; 91054 Erlangen, Hauptstr. 46, Tel. 09131-201043; 91126 Schwabach, Königstr. 2, Fußgängerzone, Tel. 09122-16849; 92637 Weiden, Mooslohstr. 123, Tel. 0961-27710; 93047 Regensburg, Maximilianstr. 14, Fußgängerzone, Tel. 0941-51150; 95028 Hof, Ludwigstr. 47, Tel. 09281-3641; 96052 Bamberg, EKZ Atrium, Ludwigstr. 2, Tel. 0951-202588; 96450 Coburg, Steinweg 24, Fußgängerzone, Tel. 09561-99414; 97070 Würzburg, Kaiserstr. 16, Tel. 0931-15608; 99085 Erfurt, Thüringen Shopping Park, Nordhäuser Str. 7b, Tel. 0361-7462048.
STEPHAN, 59755 Arnsberg, Mendener Str. 14, Tel. 02932-25000.
SUNCOS; 61169 Friedberg, Kaiserstr. 113, Tel./Fax 06031-62597; SUNCOS Vertrieb, 61348 Bad Homburg, Rathausstr. 5a, Tel. 06172-21918; SUNCOS Vertrieb, 61118 Bad Vilbel, Frankfurter Str. 40, Tel. 06101-12681.
SYLVI'S NATURLADEN, 88489 Wain, Obere Dorfstr. 37, Tel. 07353-1465.
WASCH- UND PFLEGEECKE, 91710 Gunzenhausen, Lindenstr. 2b, Tel. 09831-7429.

In der Schweiz:
* DROGERIE LEHNER, CH-3097 Liebefeld, Kirchstr. 15, Tel. 0041-31-9714612; Fax 0041-31-9725309.
* INTERWEGA Handels GmbH, CH-8863 Buttikon, Kantonsstr. 125, Tel. 0041-55-4441854, Fax 0041-55-4442477.

In Österreich:
* CREATIV-COSMETIK, A-5020 Salzburg, Ganshofstr. 8, Tel. 0043-662-848802 und 434228, Fax 0043-662-848803.

Die mit * gekennzeichneten Firmen betreiben auch Versandhandel. Einige Substanzen erhalten Sie auch in Reformhäusern, Drogerien, Apotheken, Bio-läden und Lebensmittelläden. Vergleichen Sie die Preise!

Hinweis:
Autoren und Verlag bemühen sich, in diesem Verzeichnis nur Firmen zu nennen, die hinsichtlich der Substanzen und Preise zuverlässig und günstig sind. Trotzdem kann eine Gewährleistung von Autoren und Verlag nicht übernommen werden. Irgendwelche Formen von gesellschaftsrechtlicher Verbindung, Beteiligung und/oder Abhängigkeit zwischen Autoren und Verlag einerseits und den hier aufgeführten Firmen andererseits existieren nicht.

Weitere Hobbythekbücher

Fruchtig frisch mit Frusip's

Gesund genießen – mit den Frusip's der Hobbythek kein Problem mehr. Die köstlichen Fruchtsirupkonzentrate gibt es mittlerweile in über 40 verschiedenen Geschmacksrichtungen, sie werden ohne Zuckerzusatz, vitaminschonend und ohne chemische Konservierungsmittel hergestellt.

In mehr als 150 Rezepten zeigen Ihnen Jean Pütz und Christine Niklas, wie Sie Frusip's raffiniert und köstlich in Ihrer Küche einsetzen können:

- erfrischende Getränke, Cocktails und Liköre
- leckere Milch-, Joghurt- und Quarkvariationen
- Müsli – das gesunde Frühstück
- die Krönung jeder Mahlzeit – das Dessert
- Eis – eine kühle Versuchung
- fruchtige Konfitüren und Gelees
- Delikates und Exotisches mit Frusip's

*

Das Hobbythek-Katzenbuch

Die Katze ist das beliebteste Haustier der Deutschen. Jedes Jahr geben Katzenhalter Millionen für Futter und Pflege ihrer „Stubentiger" aus. Das Hobbythek-Team zeigt, wie man vieles für Gesundheit und Wohlbefinden der geliebten Samtpfoten – einfach und preiswert – selber machen kann.

- ausgewogene Rezepte für gesunde Katzen – und „ihre" Menschen
- sinnvolle Mahlzeiten für Katzenkinder, werdende und stillende Katzenmütter und Katzensenioren
- Rezepte gegen Übergewicht
- Schonkost für die leber-, nieren- und herzkranke Katze
- wichtige und richtige Getränke
- natürliche Fellpflege und Ungezieferbekämpfung
- Katzenspielzeug selbstgemacht
- medizinische Vorbeugemaßnahmen

*

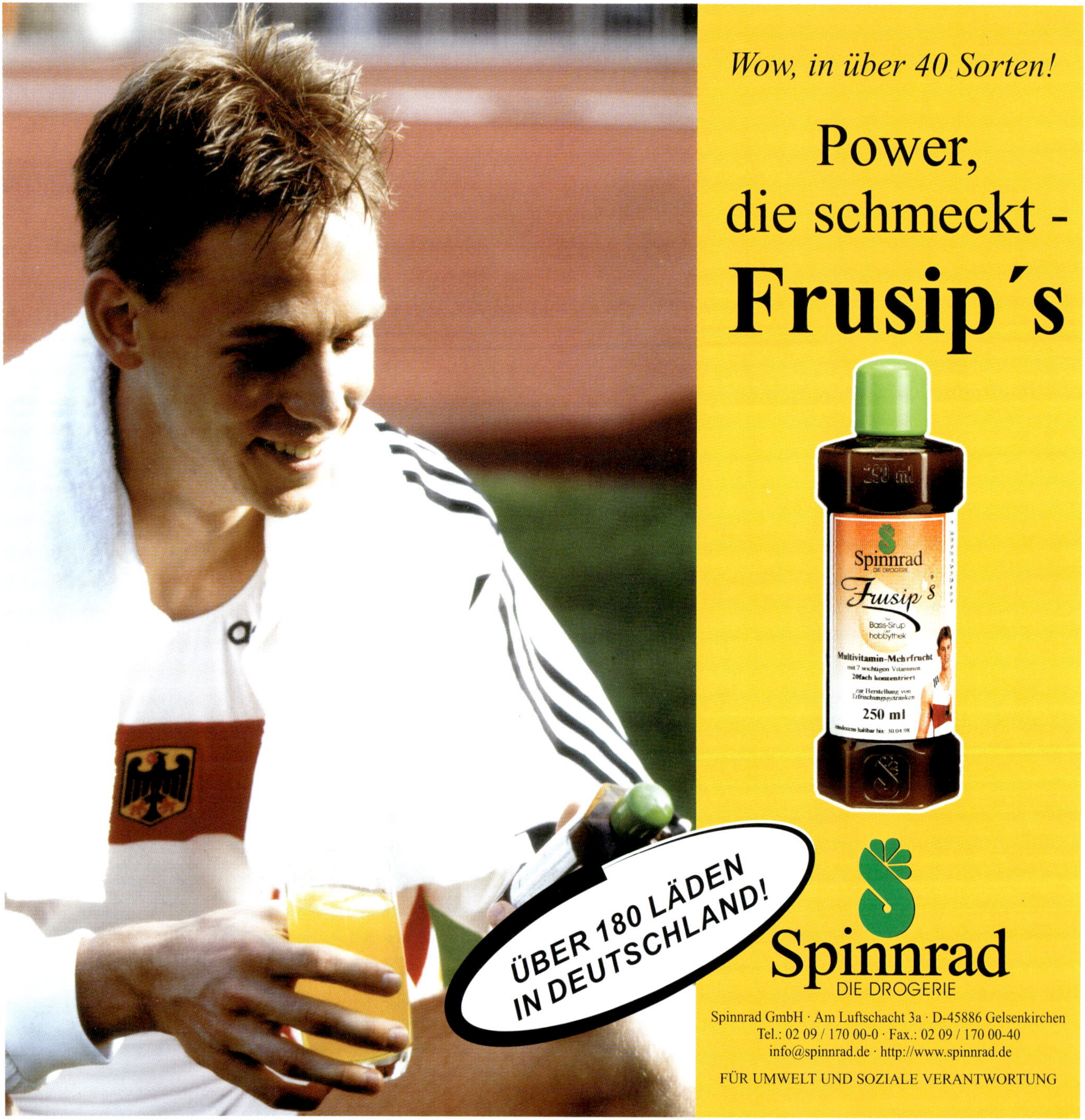
Wow, in über 40 Sorten!
Power,
die schmeckt -
Frusip´s
Spinnrad
DIE DROGERIE
Frusip's
Multivitamin-Mehrfrucht
250 ml
ÜBER 180 LÄDEN
IN DEUTSCHLAND!
Spinnrad
DIE DROGERIE
Spinnrad GmbH · Am Luftschacht 3a · D-45886 Gelsenkirchen
Tel.: 02 09 / 170 00-0 · Fax.: 02 09 / 170 00-40
info@spinnrad.de · http://www.spinnrad.de
FÜR UMWELT UND SOZIALE VERANTWORTUNG

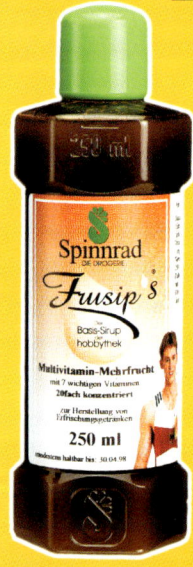